거울 앞 인문학

아름답지 않아도 정말 사랑할 수 있을까

거울 앞 인문학

장프랑수아 마르미옹 엮음 | 이주영 옮김

윌북

차례

내면의 아름다움?
거짓말!

Beauté intérieure,
mon œil !

어느 날 저녁,
나는 아름다움을 무릎에 앉혔으나 그 맛은 씁쓸했다.
그래서 아름다움에게 욕을 퍼부었다.

아르튀르 랭보, 「지옥의 계절」

뭐, 내 낯짝?
내 낯짝이 어때서?

조니 할리데이, 〈내 낯짝〉

옛날 옛적에 '마이클 J'라는 이름의 현대판 음유시인이 있었다(성씨를 굳
이 밝히지 않는 이유는 잭슨 가문의 형제들과 괜한 마찰을 일으키고 싶지 않아서
다). 묘지를 배경으로 마이클 J가 마른 나뭇가지 같은 좀비들과 화려한
춤을 선보인 뮤직비디오가 일약 유명해져 역대 최대 앨범 판매 기록을
세웠다. 들리는 소문에 따르면 마음이 여린 마이클은 생각지도 못한 유
명세에 어리둥절했다고 한다. 카메라 밖에서 보는 마이클은 기괴한 모
습이었다. 그는 마치 번쩍이는 황금 장식을 주렁주렁 단 미스터 포테이

토 헤드(1950년대 미국에서 발매된 고전 장난감 - 옮긴이)처럼 보일 정도였다. 구멍이 송송 뚫리고, 도드라진 윗부분은 매끈하면서, 머리털은 풀어헤친 미스터 포테이토 헤드 못지않게 마이클도 기괴했다. 마이클의 검은 피부는 어쩌다 보니 하얘졌다. 흑인으로 태어난 자신을 부끄러워한 적이 한 번도 없다고 강조한 마이클이기에 일부러 얼굴을 하얗게 만든 것은 아니다. 그보다 마이클의 얼굴에서 가장 기이한 부분은 코다. 그의 코는 얼굴 가운데에 붙은 평범한 코가 아니다. 마이클의 코는 수개월 동안 점점 얇아졌다. 조금만 더 있다가는 코가 생선 가시처럼 가늘어져서 바람만 살짝 불어도 휙 날아갈 듯 아슬아슬하게 보였다. 팝의 제왕으로 군림한 그였으나 혹여 재채기라도 나올까 두려움에 떨며 살았다. 그의 얼굴은 마치 세월의 무게를 견디지 못한 예술품처럼 변해갔다. 두꺼운 분칠 속에 파묻힌 그의 얼굴은 주름이 지고 무너질 듯 살이 흐물거려 보였다. 좀비들이 등장하는 뮤직비디오에서 마이클은 분장을 통해 흉측한 몰골로 변신했지만 실생활에서는 과도한 성형수술로 흉한 외모가 되었다. 이런저런 이유로 마이클은 괴물과 같은 모습으로 세상을 떠났다.

'내면의 아름다움'은 정신 승리

내면의 아름다움이 하는 역할이 바로 정신 승리다. 그러니까 이런 식이다. '외모가 평범해서 얼마나 다행인지 몰라! 아이고, 외모만 번드르르한 사람들이 불쌍해! 그럴듯한 외모는 그저 껍데기에 불과하지. 겉으로 보이는 외모만으로 모든 것을 감출 수는 없어. 사실, 지나치게 잘생긴 남자는 멍청하잖아', '얼굴이 너무 예쁜 여자는 걸레에 머리는 텅텅 비어 있지. 입 다물고 외모나 꾸미라고 해'.

그러나 현실은 벨기에 출신의 샹송 가수 자크 브렐Jacques Brel이 한탄하듯 불렀던 이 노래 가사와 같다. "한 시간도 좋아요, 한 시간 만이라도 멋진 외모만 가질 수 있다면! 멋진 외모! 멍청하다고 해도 멋진 외모!" 머리가 나빠도 마음이 따뜻하면 된다고, 물질적으로 부족해도 정신이 풍요로우면 된다고, 1등이 나중에 꼴찌가 될 수도 있다고 하면서 늘 정신 승리한다. '오늘은 나르키소스처럼 멋진 외모여도 내일이 되면 시들시들해질 거야. 잘생긴 태양의 신 아폴론도 시간이 지나면 배가 나올 거야. 아무리 외모가 보잘것없는 사람도 지혜의 꼭대기에 앉아 있으면 내면의 삶을 계속 풍요롭게 가꿔갈 거야' 같은 정신 승리. "왕년에 나도 댁처럼 젊었어. 댁도 나중에 나처럼 될 거야." 극작가 피에르 코르네유Pierre Corneille가 나이 든 뒤에 이를 갈면서 했던 말이다. 독일의 물리학자 게오르크 리히텐베르크Georg Lichtenberg

의 정신 승리는 이보다 한발 더 앞섰다. "추한 것이 아름다운 것보다 훨씬 낫죠. 추한 것은 두고두고 오래 가거든요." 어느 시대든 못생긴 사람들은 여러 가지로 부당한 대우를 받는다. 못생긴 얼굴로 유명한 소크라테스가 외모만 가꾸고 머리는 빈 여자들, 리얼리티 프로그램에 나오는 겉멋만 든 사람보다 낫다고 생각하는 것은 정신 승리에 불과하다.

사실, 외모가 잘나면 좋긴 하다. 하지

만 외모가 좀 떨어진다고 체념할 필요도 없다! 잘난 외모든 못난 외모든 타고난 외모는 어쩔 수 없다. 그러나 외모가 망가지지 않도록 노력하며 관리하는 것은 전적으로 우리 책임이다. 축 늘어진 살, 운동을 하지 않아 쳐진 근육, 눈에 거슬리는 딸기코, 식욕을 죽이는 후추와 소금처럼 거북한 모습, 코끼리 다리처럼 굵은 허벅지, 꽉 긴 옷 사이로 튀어나오는 살은 자기 관리에 실패한 우리의 책임이다. 어쨌든 외모가 별로면 오프라인 세상에서든 온라인 세상에서든 비아냥 대상이 되고 스스로도 자괴감에 빠지게 된다. 그래서 나온 것이 게으름을 그럴듯하게 포장해주는 아이템이다. 특이한 패션, 펑크스타일로 시크하게 구멍을 뚫은 청바지, 캐주얼한 수트, 넉넉한 품에 펄럭이는 원피스, 앤티크 시계, 색상이 화려한 안경테 등 패션 아이템마다 전부 그럴듯한 의미로 채워진다. 가식으로 가득한 미로 속에서 사회의 트렌드에 따라 쿨한 스타일, 프로페셔널한 스타일, 세련된 스타일이라는 이름으로 불린다. 문신은 화려함으로, 수염은 근엄함으로, 샌들은 시대를 앞서가는 세련미로 변신한다.

아름다움을 전시하다

자, 지금까지는 현실 세상의 이야기었다. 그런데 또 다른 세상도 있으니, 바로 온라인 세상이다. 온라인 세상에서는 자신의 존재를 한껏 부풀려야 한다. 여행지에서뿐만 아니라 레스토랑, 길거리, 버스, 욕실 등 장소에 관계없이 어디서나 자신을 그럴듯하게 포장해야 한다. '여기, 노을 앞에서 근사하게 칵테일을 마시는 나를 봐주세요, 왜냐하면 나는 사실 대단한데 현실에서는 너무 초라하고 평범하거든요!', '라자냐 접시 옆에서 맛있다고 엄지를 세운 내가 보이나요?', '입술을 동그랗게 모아 내밀고 있는 내 표정 좀 봐줄래요? 왜냐하면 나는 우울하고 신경질적이지만 마음이 너무 여려서 금방 상처를 받는 사람이거든요', '오늘은 셀카를 좀 찍어야 하는데 뭘 먹는다?', '어떻게 하면 내 모습이 근사하게 나오지?', '어떻게 하면 사람들의 관심을 받고 초라한 내 모습은 감출까?', '어떻게 하면 거짓말도 진지하게 하지?', '보정, 필터는 어떻게 하고 어플은 무엇을 쓰지?', '거울아, 예쁜 거울아, 너의 빛을 여기저기에 내리쬐어줘, 리트윗 많이 받게. 내가 모델처럼 보인다고 말해줄래? 상반신 사진만으로 내가 강인하고 도도하며 은근히 까칠하지만 섬세한 사람, 외면은 열정적이지만 내면은 차분한 사람처럼 보일 수 있다고 말해줄래? 가짜라고 하기엔 내가 너무 멋지지 않아?' 현대 문명만큼 다른 사람들의 평가에 일희일비하는 문명이 있었을까? 공연 사회는 원맨쇼(혹은 원우먼쇼) 사회로 바뀌었다. 모두가 최고로 멋진 장신구를 두르며 혼잣말을 한다. 그 앞에 있는 다른 사람들 역시 한껏 근사하게 폼을 내며 혼잣말을 한다. 모두가 각자의 무대 위에 올라서지만, 관객은 없고 코미디언만 넘쳐난다. 쉽게 알아차리지 못하는 진실이다. 못생긴 사람들도 이같은 연극에 합세한다. 하지만 못생긴 사람들은 상대적으로 주목받기 힘들다. 거지와 부랑자들이 모여 사는 곳에 비범함이라는 예외는 없다.

잘 보이지 않아 폄하된다고 주장하는 내면의 아름다움에 남은 것은 무엇일까? 아, 고상한 예술 취향, 확고한 정치사상, 번드르한 말과 유머를 통해 내면의 근사함을 과시할 수는 있다. 하지만 화면과 아바타에서 빠져나와 실제 일상으로 돌아오는 순간 평범한 사람이 된다. 호르몬, 욕망, 신체의 감각, 환희 혹은 수치심이라는 감정을 지닌 인간이 되어 모든 것을 다시 시작해야 한다. 내면의 아름다움은 한눈에 보이지 않는다. 그리고 꽤 많은 사람이 내면의 아름다움을 찾으려고 애쓰지도 않는다. 내면의 아름다움을 알아주는 세상이 있을 것이라는 꿈은 산산조각 깨져버린다.

우리는 디지털 눈속임, 픽셀로 이루어지는 보정된 존재가 아니라 살로 이루어진 인간이다. 매력적일 때도 있지만 실망을 줄 때가 많으며 늘 상처받기 쉬운 인간이다. 잘생겼든 못생겼든 우리는 우리 자신이다. 생각보다 인간은 불쌍한 존재다.

나의 아름다움을 봐줄 단 한 사람

외모의 아름다움은 보여주기식이고 진정한 아름다움은 겉모습 안에 감춰진 정신에 있다는 생각은 꽤 감동적이지만 위선에 불과하다. 아무리 조사와 연구를 거듭해도 통계 숫자는 그런 교훈과 도덕 기준대로 나오지 않는다. 21세기인 지금도 외모가 잘나면 못생긴 것보다 기회의 문이 더 쉽게 열리고 이성과 잠자리할 가능성, 커리어를 쌓을 기회, 언론의 조명을 받을 기회가 더 많다. 외모가 시원시원한 사람은 자연스럽게 지적이고 능력 있고 유쾌할 것이라는 인상을 준다. 외모가 멋진 사람들과 만나고 싶다는 마음, 외모가 멋진 사람들을 탐내는 마음, 외모가 멋진 사람들을 볼 때 느껴지는 즐거움… 우리는 빛나는 외모를 열렬히 찬양하는 소설가와 시인이 된다.

실생활에서는 내면의 아름다움이 그리 중요하지 않은 것이 현실 아닌가? 물론 내면의 아름다움도 중요하다. 하지만 당장은 겉으로 보이는 아름다움이 더 중요하다. 분명 우리는 누군가를 볼 때 외모가 잘생겼냐 못생겼냐로 그 사람을 즉각 판단한다. 외모에서 첫인상이 결정되는 것이다. 그러다가 시간이 지나면 외모가 주는 편견이 깨진다. 누구나 경험하는 일이다. 노랫소리는 고운데 깃털은 예쁘지 않은 새, 외모는 멋진데 입이 가벼운 사람, 외모는 별 볼 일 없는데 눈부신 장점이 있는 사람, 외모는 평범한데 뜻밖의 매력을 발산하는 사람을 경험할 때 편견이 깨진다. 그렇다. 두 번째 만남에서는 대화술, 감정, 배려하는 태도를 보여줄 수 있다. 두 번째 기회, 진정한 기회. 전부 가능한 일이다. 외모가 별볼일 없는 사람도 깊게 사귀다 보면 남다른 천재성을 발견하게 되는 경우가 있다. 개구리를 왕자로 변신시킨 입맞춤을 생각해보자. 내면의 아름다움은 상대에게 전해지는 순간 1000배 커지면서 고유한 아름다움이 된다. 그리고 사랑받는 사람은 상대방에게 확신과 믿음, 요란하지 않은 잔잔한 매력을 어필할 수 있게 된다. "남들에게 못생겼다는 이야기를 들으면 / 나는 조용히 웃는다 / 당신이 눈을 떠 나를 제대로 보지 못하게 하고 싶어서" 세르주 갱스부르Serge Gainsbourg가 노래 〈못난이 못난이Des laids, des laids〉에서 생기 있게 부른다. 작가 오스카 와일드Oscar Wilde의 말이 맞았다. 사랑에 빠진 사람은 상대방이 아름다워 보인다. 그래서 사랑받는 사람은 결코 못난이가 될 수 없다. 비록 모든 사람에게 못난이로 생각되는 사람도 연인에게는 못난이로 보이지 않기 때문이다.

　그러니 적어도 세상에서 나를 사랑해주는 단 한 사람에게는 보정 앱과 화장 없이 나 자신을 있는 그대로 보여주자. 어쩌면 그 사람은 근시 환자일지도 모른다. 그리고 나 자신을 최대로 근사하게 드러내자. 프랑스 시인 로트레아몽Lautréamont의 작품에 묘사된 아름다움처럼 말이다. "맹금류 새들이 발톱을 오므려 숨기는 것 같은 아름다움, 뒷목의 부드러운 살에 난 상처로 움직임이 불안한 근육 같은 아름다움, 지푸라기 아래에 숨겨져 있다가 걸려든 쥐를 세게 조이는 영원한 덫과 같은 아름다움, 그리고 무엇보다도 해부 테이블에서 뜻밖에 보게 되는 재봉틀과 우산 같이 개성 있는 아름다움!"

장프랑수아 마르미옹(잘생긴 청년)

얼굴, 아, 아름다운 얼굴

VISAGE, Ô BEAU VISAGE

●

장이브 보두앵 | 리옹 제2대학교 발달심리학 교수

기 티베르기앵 | 그르노블 제2대학교 명예교수, 프랑스 학사원 회원

얼굴을 매력적으로 보이게 하는 것은 무엇일까? 당연히 사람에 따라 아름다움을 평가하는 기준과 끌리는 얼굴 기준이 다르다. '열 사람이면 열 사람 모두 성격이나 취향이 제각각십인십색, 十人十色'이라는 말처럼 취향은 사람마다 다르다. 사람마다 살아온 경험에 따라 선호하는 얼굴 특징이 다르다. 예를 들어 갈색 눈동자보다 파란색 눈동자를 선호하는 사람이 있다. 외모에 대한 취향은 살아가면서 변하기도 하고 문화권에 따라 달라진다(목이 기린처럼 긴 여성을 아름답다고 생각하는 아프리카 나라가 보여주는 것처럼 아름다움은 상대적이다). 하지만 선호하는 외모를 다룬 다양한 심리학 연구를 살펴보면, 아름다움이 상대적이라는 것은 일부만 사실이다.

실험에 따르면, 개인마다 혹은 문화권마다 미의 기준이 달라지는 사례는 극히 일부이며, 오히려 사회적 위치, 문화, 성별, 나이와 관계없이 보편적으로 선호하는 미의 기준이 존재했다. 이 보편적인 미의 기준은 얼굴의 매력 여부(이 얼굴이 매력적인가요?)보다는 더 많은 사람이 선호하는 매력적인 얼굴(어떤 얼굴이 더 매력적으로 보이나요?)을 기본으로 한다. 즉, 실험 참가자들에게 얼굴이 매력적인 순서대로 사진을 나열하라고 했을 때, 실험 참가자들의 성별, 나이, 문화적 배경에 상관없이, 그리고 평가 대상인 사진 속 인물들의 성별, 나이, 인종에 상관없이 분류 결

과가 비슷하게 나왔다.[1]

따라서 우리가 얼굴의 매력을 따질 때 공통적인 기준을 적용한다고 할 수 있다. 그 기준이란 무엇일까? 현재 여러 가지 기준이 밝혀졌다. 우선, 보편적으로 선호하거나 선호하지 않는 얼굴의 크기와 모양이 어느 정도는 정해져 있다. 얼굴의 특징은 여러 가지 요소로 이루어진다. 귀여움, 성숙함, 노화 정도, 표현력, 관리 상태도 여기에 포함된다.[2] 이 중에서 귀여움, 성숙함, 노화 정도는 나이에 따라 달라지는 외적인 특징이다.

매력의 요인

흔히 귀여움은 갓난아기와 아이에게 해당하는 특징이다. 예를 들어 눈이 크고 코가 작으면 귀엽다고 생각한다. 성숙함은 사춘기 때부터 나타나는 외적인 변화다. 호르몬이 변하면서 작았던 입술이 커지고 광대뼈가 두드러지며 턱이 발달한다. 특히 눈썹을 중심으로 얼굴에 털이 많아진다. 끝으로 몸이 늙어가면서 주름살, 탄력이 떨어진 피부 등 노화 현상이 나타난다.

얼굴의 매력은 이러한 생애주기에 따른 특징 외에도 표현력과 관리 상태에도 영향을 받는다. 표현력은 표정을 지을 때 나타나는 특징이다. 입술이나 눈썹의 경우가 그렇다. 예를 들어 아치형 눈썹(본래 눈썹이든 그린 눈썹이든)은 특정한 인상을 준다. 자기 관리 상태는 그 사람의 청결도 혹은 특정 사회적 지위를 보여주는 지표다(화장, 제모, 여성들이 하는 각종 관리, 점점 늘어나는 남성들의 관리).

이러한 특징들이 하나씩 나타날 때 얼굴은 더욱 매력적으로 보일 수 있다. 물론 노화로 나타나는 특징은 빼고 말이다. 여성의 관점이든 남성의 관점이든, 여성의 얼굴이든 남성의 얼굴이든, 큰 눈에 작은 코, 적당한 입과 광대뼈가 있는 얼굴이 더 매력적이라는 평가를 받는다. 여기에 화장과 패션, 사회적 지위까지 더해지면 매력적인 얼굴이 더욱 매력적으로 보인다. 물론 매력적이라고 평가받는 기준은 남성의 얼굴이냐 여성의 얼굴이냐에 따라 조금 달라진다. 특히 성숙함에서 그렇다. 남녀 모두 사춘기를 기점으로 얼굴이 성숙해지지만 성숙해지는 특징은 성별에 따라 달라진다. 2차 성징으로 나타나는 특징으로, 평균적으로 여성은 눈썹이 가늘고 눈에서 더 높은 위치에 있으며 턱이 좁은 편이다. 따라서 여성의 얼굴은 이러한 특징이 두드러질 때 더 매력적이라고 평가받는다. 반대로 남성의 얼굴은 눈썹이 짙고 턱이 넓을 때 매력적이라고 평가받는다.

비대칭의 매력

이러한 특징 외에도 두 가지 다른 기준이 매력도를 평가할 때 매우 중요한 역할을 한다. 얼굴의 대칭 정도와 평균치(국민의 평균적인 특징에 가까운 정도)다. 생물학자들은 동물의 생식행동에 주목하며 얼굴의 대칭성 연구를 했다.[3] 실제로 수많은 생물 중에서 대칭미가 유난히 뛰어난 생물들(예를 들어 참밑들이, 금화조, 제비)을 보면, 암컷을 차지하려는 수컷 간의 경쟁이 치열하다. 이러한 현상은 자연선택 이론으로 설명할 수 있다. 극한 환경(기온, 오염 등)에 처하거나 유전자 이상이 나타나면 외형의 균형이 깨져 대칭이 어긋나게 된다. 생물학자들은 얼굴의 대칭이 어긋난 인간의 사례(유전자 이상, 임신 기간 등)를 관찰하면서 얼굴의 대칭이 깨치면 매력이 떨어질 것이라고 예상했다. 설령 이 예상이 실제로 맞다고 해도 얼굴이 비대칭이라는 이유만으로 매력이 떨어진다는 것에 의문을 제기하는 연구도 있다. 게다가 완벽히 대칭을 이룬 얼굴은 극소수다. 어느 정도의 비대칭은 자연스러운 현상이다. 예를 들어, 양쪽 얼굴 중 표현력이 더 풍부한 쪽이 있다. 즉, 미소는 본능적으로 비대칭이다(대칭적으로 나타나는 미소는 가식적인 미소로 보일 수 있다. 인위적으로 안면 근육을 조절해야 대칭적인 미소가 지어지기 때문이다. 행복한 사람은 자연스럽게 미소를 짓기 때문에 인위적으로 안면 근육을 조절할 필요가 없다).

따라서 비대칭이 얼굴 어디에 어떻게 나타나느냐에 따라 평가가 달라진다. 얼굴의 특징이 얼마나 빠르게 변하느냐(몇 초), 얼마나 느리게 변하느냐(몇 년), 혹은 변화가 크지 않으냐에 따라 매력도가 달라질 수 있다. 얼굴의 특징은 표정을 풍부하게 바꿀 때 많이 달라지는데 이때 나타나는 비대칭은 얼굴의 매력을 떨어뜨리기보다는 높인다(미소 짓는 얼굴이 무표정한 얼굴보다는 매력적으로 보일 때가 많다). 따라서 표정 변화가 거의 없거나 느리게 이루어지는 얼굴은 매력이 떨어질 수 있다. 예를 들어, 나이가 들수록 광대뼈는 비대칭이 된다. 또 두개골은 안정적인 구조지만 살아가면서 유전적인 이상으로 변형될 때가 많은데, 그로 인해 상당히 비대칭하게 보일 수 있다.

얼굴의 매력에 중요한 역할을 하는 마지막 기준인 평균치는 무난한 정도, 즉 전형적인 상태와 관련 있다. 여러 얼굴을 섞어 하나의 얼굴을 만들면 이 얼굴은 여기에 사용된 대다수의 얼굴보다 매력적으로 보인다는 사실을 우연히 발견했다. 주디트 H. 랑글루아Judith H. Langlois와 로리 A. 로그망Lori A. Roggman은 IT 기술을 사용해 이러한 결과에 반박했다.[4] 여성의 얼굴(혹은 남성의 얼굴)을 많이 섞으면 섞을수록 얼굴이 매력적으로 보였다. 여러 얼굴을 섞으면서 각각의 얼굴이 지닌 단점이 줄어든 것이다. 그러나 이 '평균적인' 얼굴의 매력은 역설적이다. 왜냐하면 아름답기로 유명한 여성들을 보면 평범한 여성들에게서 공통적으로 나타나는 특징이 없었기 때문이다. 또한 앞에서 강조했듯이 평균치에서 벗어난 얼굴을 훨씬 매력적으로 느끼는 경우가 있는데, 평균치에 가까울수록 얼굴의 매력이 커진다는 이전의 발견과 일치하지 않는다. 이러한 모순을 해결한 연구자들이 있다.[5] 이들 연구자는 평균치에 가까운 얼굴이 매력적인 것은 맞지만 가장 매력적인 얼굴은 평균적인 얼굴과 다르다는 것을 증명했다. 그 증거로 매력적인 얼굴들을 조합해 만든 표본이 평균치 얼굴들을 조합해 만든 표본보다 더 매력적이라는 연구 결과를 내놓았다.

'외모가 잘나면 성격도 좋다'는 생각

얼굴을 매력적으로 보이게 하는 특징은 많다. 그중에서도 가장 중요한 특징은 무엇일까? 사실, 잘 생각해보지 않은 질문이다. 여성 얼굴의 매력을 판단할 때 문학에 나타난 주요 특징은 무엇이고 그 얼굴은 어느 정도 균형미가 있으며 얼마나 평균치에 가까울까?[6] 얼굴을 평가할 때 나름의 기준을 적용해 눈, 코, 입, 눈썹 등의 크기와 위치를 측정한 다음 그 수치를 통해 얼굴을 이루는 요소가 각각 대칭을 이루는지, 평균치에 얼마나 가까운지 계산했다. 매력적인 얼굴을 만드는 가장 중요한 요소는 평균치와 얼마나 가까운가였다. 실제로 평균치에 가까운 외모일수록 매력적이라고 생각하는 사람들의 비율이 25퍼센트였다. 그러니까 평균에 가까운 외모일수록 매력적이라고 평가받는 것이다. 그 외의 요소들이 각각 미치는 영향은 많아야 15퍼센트 이하다. 얼굴을 이루는 요소들의 조합이 매력도에 미치는 영향을 자세히 알아보기 위한 분석이 심도 있게 이루어졌다. 결과는 역시나 같았다. 평균치에 가까운 얼굴일수록 매력적으로 보인다는 것이다. 가느다란 눈썹, 적당히 튀어나온 광대뼈, 도톰한 입술, 작은 코, 커다란 눈으로 이루어진 얼굴이 매력적이라는 평가를 받았다.

이제 얼굴의 매력을 결정하는 것이 무엇인지 알았다. 그렇다면 다른 한 질문이 생긴다. 매력적인 얼굴이 일상생활에 끼치는 영향은 무엇인가? 사회심리학자들은 외모가 매력적인 사람들이 일단 긍정적인 평가를 받는다고 강조한다.[7] '외모가 멋진 사람은 성격도 좋다'는 고정관념이 작용하기 때문이다. 인성이 얼굴에 드러난다는 관상학도 이러한 고정관념에 일조한다.

고대 그리스 철학자들도 외모가 매력적이면 성격도 좋을 것이라고 생각했다. 고대 그리스 시대에 있던 고정관념이 현대까지 살아남아 자리를 잡고 있는 것이다. 우리는 아마추어 관상학자라도 된 듯이 다른 사람의 얼굴 특징으로 성격까지 분석하려고 한다. 얼굴이 아름다우면 정신도 아름다울 것이라는 이론이다. 이 고정관념은 매우 다양한 부분에

서 작용한다. 외모가 멋지면 사교적이고 활달할 것이다(사교성), 지적이고 능력이 있을 것이다(능력), 몸과 마음이 건강할 것이다, 힘이 좋고 성적으로 활기찰 것이라는 평가를 받게 된다. 이러한 고정관념이 첫인상을 결정한다는 사실은 대부분의 연구에서 밝혀졌다. 잘 모르는 사람을 볼 때, 눈에 보이는 외모 외에는 상대방에 관한 정보가 거의 없을 때, 나의 평가가 어떻든 상대방과 적당히 알아가는 데 큰 문제가 생기지 않을 때 이런 고정관념이 작용한다. 또한 이러한 고정관념이 일상생활에서 다양하게 영향을 미치는 것으로 나타났다. 예를 들어 같은 정신병을 앓아도 못생길수록 독한 처방을 받고 입원도 오래 한다. 반면 매력적으로 생길수록 빨리 퇴원해도 좋다는 허락을 받는다.[8] 재판에서도 원고의 외모가 멋질수록 피고가 불리한 판결을 받을 확률이 높아진다.[9]

자손을 남기기 위한 것인가

하지만 어디에나 양면성이 있다. 매력적인 얼굴이 환영받지 못하거나 부정적인 평가를 받는 경우도 있다. 정직성, 이타주의, 혹은 능력이 중시되는 리더 자리(여성이 올라가기에 불리한 자리)는 아름다운 얼굴이 불리할 수 있다. 매력적인 얼굴이 모든 부분에서 환영을 받는 것은 아니다. 어려 보이는 얼굴은 순수해 보여서 매력적이고 호감을 주는 인상일

수 있으나 유능해 보이지는 않을 수 있다. 반대로 성숙한 얼굴은 매력적이고 유능하게 보일 수는 있어도 순수한 느낌은 주지 못할 것이다.

'외모가 잘나면 성격도 좋다'는 고정관념은 거의 모든 문화권에서 통한다. 문화 차이에 따른 몇 가지 예외는 있을 수 있으나(예를 들어 아시아 문화권에서는 서구 문화권과 반대로 권력이 있는 사람이 아니라 청렴결백하고 이타적인 사람을 매력적으로 생각한다) 매력적인 얼굴을 판단하는 기준은 문화권과 관계없이 전반적으로 같다.

어떤 얼굴이 매력적으로 보일까? 인종이 달라도, 인종에 따라 얼굴의 특징이 달라도 매력적인 얼굴이라고 판단하는 기준은 크게 다르지 않다. 따라서 매력적인 얼굴이 되는 기준이 무엇인지 다시 질문해볼 수 있다.[10] 문화 차이라는 이유를 제외하니 생물학적 요인이 매력적인 얼굴을 평가하는 기준이 된다고 결론 내리고 싶어진다. 분명, 얼굴의 매력은 성적 매력과도 관계있다. 섹스의 암묵적인 목적은 종족을 보존하기에 가장 좋은 파트너를 선택하는 것이다. 따라서 사회생물학 이론에 따르면 매력적인 얼굴은 잠재적인 섹스 파트너로서 적절하다는 장점과 일치한다. '평균치에 가까운' 얼굴은 특별한 흠이 없기에 유전자 이상이나 환경에 따른 신체 이상이 없다는 뜻이 되기 때문이다. 균형 잡힌 얼굴이 가장 매력적으로 보이는 이유도 같다. 얼굴의 균형이 맞지 않다는 것은 질병이 있다는 인상을 준다. 반면 청소년기, 성인기, 노년기를 거쳐도 이목구비가 단정한 사람은 건강하다는 인상을 준다. 특히 한창 건강한 나이라면 사춘기를 벗어나 성숙한 느낌이 나면서도 늙지 않았다는 느낌을 주기에 섹스 파트너로서 환영받는다. 또 외모가 멋지면 어느 정도 지위가 있고 사회적으로 성공한 사람이라는 생각이 든다. 따라서 외모가 매력적인 사람은 자손을 안전하게 보호할 수 있는 최상의 능력을 갖추었을 것이라는 인상을 주기도 한다.

지나친 일반화

하지만 이러한 사회생물학적 지표는 신뢰성에 큰 논란이 있다.[11] 얼굴의 균형을 예로 들어보자. 특정 질병이 얼굴의 균형을 깨뜨리기는 한다. 하지만 모든 균형이 맞지 않는 얼굴이 질병이 있는 상태라고 볼 수 없다. 게다가 대칭 결과에 대한 연구에서 매우 다양한 얼굴들을 사용했는데 이 중에서 질병이 있어서 얼굴의 균형이 맞지 않는 경우는 적었다.

 얼굴의 다른 매력 기준과 마찬가지로 균형미만 가지고는 사람의 생식 능력을 판단할 수 없다. 얼굴의 균형으로 생식 능력을 평가하는 것은 지나친 일반화다. 특정 상태의 심리적, 사회적, 생물적 특징(예를 들어 유전병)이 지나치게 일반화되면 얼굴이 균형이 맞지 않는 사람은 병자 취급을 받을 수 있다. 객관적으로 봤을 때 별것 아닌 흠 하나가 과장되게 해석되는 것이다. '외모가 잘나면 성격도 좋다'라는 고정관념도 지나친 일반화에 속한다. 우리는 처음 본 사람을 얼굴로 먼저 판단해 그 사람의 심리와 사회생물학적 특징을 추론하려고 한다. 그렇기 때문에 특정한 생물적 특징을 지나친 일반화로 해석해 결론을 내리게 된다. 예를 들어서 아이처럼 눈이 큰 사람은 성격도 아이 같고, 사회적으로나 신체적으로 미숙할 것이라는 인상을 준다. 그래서 이런 사람은 즉흥적이고 사교적이고 개방적이지만 세상 돌아가는 방식을 잘 모르고 믿음직하지 않고 연약할 것이라는 평가를 받는다. 반대로, 얼굴이 성숙한 사람(예를 들어 굵은 눈썹)은 성숙하고 어느 정도 지적이고 책임감 있고 몸과 정신이 건강할 것이라는 평가를 받는다. 반면 이런 사람은 즉흥성과 개방성처럼 어려 보이는 사람이 갖는 특징은 부족해 보일 것이다.

따라서 이러한 일반화를 통해 사람의 얼굴로 매력도와 성격을 평가하는 기준이 만들어질 수 있다. 이는 기본적으로 두 가지 생물학적 상태와 관계가 있는 현상이다. 하나는 정상적인 생물학적 진화이고, 또 하나는 생물학적 이상이다. 정상적으로 이루어지는 생물학적 진화는 생애주기의 변화에 해당된다. 사춘기 전 단계, 사춘기 이후 단계(남녀가 구분되는 2차 성징이 나타나는 중요한 시기), 노년기를 구분하는 기준이 되는 셈이다. 특히 사춘기 이후 각 생애주기는 성별에 따라 다시 두 가지 종류로 세분화된다. 생물학적 이상은 개인이 지닌 질병 이력과 관계된 모든 상태를 아우른다. 이는 유전적인 이유, 환경적인 이유 모두 해당한다. 병적인 상태마다 특정한 심리적, 사회적, 생물학적 특징을 보인다. 그래서 간혹 외모로 건강한 정도를 알 수 있을 때도 있지만(실제로 아이는 어른보다 약하다) 사회적인 편견에 영향을 받을 때가 더 많다. 고정관념에 사로잡히면 제대로 된 판단을 하지 못한다. 한편 고정관념을 통해 문화권마다 다른 가치를 알 수 있다. 예를 들어 문화권마다 여성의 미소를 다르게 해석한다. 여성의 미소는 어떤 문화권에서는 상냥함을 뜻하지만, 다른 문화권에서는 예의에 어긋난다고 평가하기도 한다.

지금까지 살펴봤듯이 매력적인 얼굴이라고 생각하는 보편적인 기준이 있다. 즉, 사람마다 선호하는 얼굴 기준이 아주 다르지는 않다는 뜻이다. 인종에 따라 얼굴 모양이 다르지만 건강한 외모라는 기준은 인종을 가리지 않고 똑같다. 아이, 성인, 노인의 심리적, 사회적, 생물적 능력도 인종에 얽매이지 않고 보편적으로 똑같은 기준으로 평가된다. 그리고 여기에서 일반화가 나온다. 지나친 일반화에 빠지면 고정관념이 생겨 잘못된 믿음을 가질 수 있고 생물학적으로 서로 다른 상태를 단순한 기준으로만 평가하는 우를 범하게 된다. 아이처럼 눈이 큰 사람은 생각보다 순수하지 않을 때도 있다!

아름다움, 고정관념, 그리고 차별

Beauté,
stéréotypes et dicriminations

●
페기 셰크룬 | 파리 낭테르대학교 교수
장바티스트 레갈 | 파리 낭테르대학교 연구소장 겸 강사

우리는 어떤 기준으로 얼굴이나 몸매가 아름답다고 할까? 평균에 가까운 얼굴 혹은 사회 환경에 맞는 몸매가 아름답다고 평가받는다고 주장하는 연구자들이 있다.[12] 반대로 평균적인 얼굴이나 몸이 아니라 오히려 평범함을 벗어난 얼굴이나 몸이 아름답다고 평가받는다고 주장하는 연구자들도 있다.[13] 어느 쪽이 맞든, 연구에 참가한 사람들이 거의 공통적으로 가장 아름답다고 꼽은 얼굴이 있다. 사회 기준에 잘 맞는 얼굴이다. 소속 사회집단에서 바람직하게 여기는 규칙, 가치, 행동에 들어맞는 얼굴인 것이다. 이를 가리켜 흔히 미의 표준이라고 한다.

특정 집단의 구성원 대부분이 아름답다고 평가하는 기준이 있을 것이다. 그러나 미의 기준은 절대적이 아니어서 문화권이나 시대에 따라 다른 평가를 받는다. 예를 들어 깡마른 여성은 요즘 서구 사회에서 매우 아름답다고 평가받지만 1950년대나 18세기에는 달랐다. 깡마른 여성을 아름답다고 보지 않는 문화권도 있다. 또 동북아시아에서는 창백할 정도로 하얀 얼굴을 아름답다고 하지만 다른 문화권에서는 병자나 약한 사람 같다는 인상을 주어 부정적인 평가를 받는다.

기준은 비교를 위해 존재한다. 따라서 아름다움의 기준을 통해 어떤 것이 아름답지 않은지 파악할 수 있다. 또한 사람들이 어떤 것을 보편적

인으로 아름답다고 생각하는지 알면, 개인을 미의 기준에 따라 분류할 수 있다. 다른 많은 부분과 마찬가지로 신체 부분도 표준에서 멀어질수록 부정적인 평가를 받는다. 그래서 상처, 신체적 장애, 기형, 혹은 과체중은 편견을 불러일으키고 부정적인 인상을 주며 바람직하지 않은 행동을 할 거라고 낙인찍는 차별을 부른다.

　　우리는 다른 사람을 판단할 때 맨 먼저 외모를 본다. 상대방의 외모를 보고 단 몇 초 만에 그 사람의 성격을 판단해버리는 것이다. 여기서 우리가 가지고 있던 믿음과 고정관념이 작동한다. 우리는 외모를 통해 상대방을 긍정적 혹은 부정적으로 단정 짓듯이 평가하고(편견), 때로는 그런 낙인이 찍힌 상대를 향해 옳지 않은 행동을 한다(차별).

'얼굴 평가'와 고정관념

일반적으로 우리는 외모가 멋진 사람을 보면 긍정적으로 평가하고 좋은 것을 기대한다. 예를 들어 균형 잡힌 이목구비에 사과처럼 발그레한 얼굴을 한 사람과 생기가 없고 울퉁불퉁 투박한 얼굴을 한 사람이 있다고 해보자. 이때 우리는 첫 번째 사람에게 더 끌릴 가능성이 크다. 우리는 첫 번째 사람을 긍정적으로 생각한다(아름답다, 활기차다 등). 보기 좋은 음식이 맛있어 보이는 것과 같은 논리다. 사물과 사람을 평가하는 기준은 실제로 같다. '아름다운 것이 좋다'.[14] 흔히 외모가 아름다운 사람이라고 하면 떠올리는 고정적인 특징이 있다(커다란 눈, 날씬한 몸매). 그리고 외모가 아름다워 보이는 사람은 인성이 좋고(호감 가는 성격) 행동도 바를 것이라는 고정관념을 가진다.

잘생긴 사람이 전반적으로 누리는 긍정적인 평가를 정리한 연구가 많이 나와 있다. 외모가 멋진 사람은 성격이 좋고 사교적이고 믿음직스럽고 선하고 친구가 많고 행복한 인생을 살며 자신감이 있을 것이라는 평가를 받는다. 반대로 못생긴 사람은 부정적인 고정관념에 시달리는 편이다. '아름다운 것=좋은 것', 다시 말해 '못생긴 것=나쁜 것'이라는 고정관념이다.[15] 그래서 볼품없어 보이는 사람은 부정적인 평가를 받으며(사교적이지 않고 이타적이지 않고 지적이지 않을 것이다 등) 부러움의 대상에서 멀어지며 좋은 대우를 받지 못한다. 한 연구에 따르면 아이들도 외모가 멋지면 성격이 더 좋고 인기가 많으며 바보 같은 짓을 하지 않을 것이라고 봤다.[16] 반면, 못생긴 아이들은 성격이나 행동이 나쁠 것이라고 봤다(공격적이고 짓궂을 것이다 등).

'아름다운 것=좋은 것'이라는 고정관념은 아주 일찍부터 만들어진다(태어나면서부터 아름다운 것을 좋아한다고 주장하는 이들도 있다). 그리고 이러한 고정관념은 부모, 동료, 교사 같은 사회화의 주체에 따라 강해진다. 미디어도 만만치 않은 역할을 한다. 예를 들어, 광고를 보면 외모가 멋진 주인공들은 물리적, 사회적으로 쾌적한 환경 속(아름다운 집, 멋진 자동차, 완벽하고 행복한 가족이나 친구)에 있다. 이에 따라 외모가 멋진 주인공들은 바람직해 보이고 부러움의 대상이 된다. 반대로 영화, 드라마, 애니메이션에 나오는 악당은 대부분 못생겼거나 뚱뚱하고 마음과 행동도 비뚤어지게 나온다(음흉하다, 공격적이다 등).

'아름다운 것=좋은 것'이라는 고정관념은 여러 사회 상황과 여러 문화권에서, 그리고 아이와 어른 사이에서, 일상생활의 여러 부분에서 관찰된다. 예를 들어서 외모가 멋진 사람은 협조적이고 믿음직스러워 보인다는 이유로 연애 상대로 인기가 많다. 또한 외모가 매력적인 사람들은 범죄를 저지를 확률이 적을 것이라는 평가를 받으며 외모가 떨어지는 사람들에 비해 관대한 대접을 받는다.[17] 학교에서도 외모가 호감 가는 아이들이 그렇지 않은 아이들에 비해 점수와 평가를 잘 받고 공부를 더 잘 할 것이라는 기대를 받는다.[18] 외모가 좋은 아이들은 잘못된 행동을 해도 비판을 덜 받는다. 취직할 때도 미의 기준에 들어맞는 사람들이 면접에서 더 좋은 평가를 받는다. 취업한 이후에도 사교적이고 활발할 것이라는 기대를 받으며 다른 동료들에 비해 능력을 더 인정받는다.[19]

고정관념은 주로 외모에서부터 시작된다. 서구 사회에서는 여성의 아름다움을 평가하는 기준으로 특히 날씬한 몸매를 꼽는다. 오죽하면 날씬하면 다 된다는 '몸매 깡패'라는 말이 있을 정도다. 반대로 뚱뚱한 몸은 비난받는다. 예를 들어 아이들도 여섯 살이 되면 뚱뚱한 사람보다는 날씬한 사람이나 몸매가 보통인 사람을 더 좋아한다. 객관적이든 아니든 뚱뚱한 몸을 둘러싼 편견이 많다. 여성으로 태어났느냐, 어느 나라에서 태어났느냐, 미의 기준에 부합하는 사람으로 태어났느냐는 개인의 선택이 아니라고 생각하면서도 뚱뚱한 것은 그 사람의 생활 태도 탓이라고 쉽게 단정한다.[20] 날씬한 몸매가 아닌 사람들은 게으르고 자기 관리를 안 하는 사람, 자신에게 지나치게 관대하며 동기와 의지가 없는 사람, 식욕처럼 자신의 욕망을 자제하지 못하는 사람으로 취급받는다. 뚱뚱한 사람은 능력이 부족하고 지적 능력과 생산성이 떨어진다는 평가를 받게 된다. 그런데 인간관계에서 편견이 양면성을 보이기도 한다. 뚱뚱한 사람이 마음 따뜻한 이미지로 비춰지는 경우가 이에 해당된다. 그래서 뚱뚱한 사람은 친절하거나 다정하거나 재미있는 성격으로 비춰지면서, 동시에 슬프거나 외롭거나 성격이 밝지 않다고 비춰지기도 한다. 여섯 살 된 아이들의 눈에도 뚱뚱한 사람은 능력이 뛰어나기보다는 마음이 따뜻한 사람으로 비춰진다. 하지만 뚱뚱한 사람이 날씬한 사람과 비교 선상에 놓이면 능력이 부족하고 마음이 따뜻하지 않을 것이라는 평가를 받는다.

외모에 따른 차별

외모가 아름다운 사람은 단순히 좋은 평가를 받는 것으로 끝나지 않는다. 외모가 매력적인 사람은 사랑을 받을 때가 많지만, 외모가 매력적이지 않은 사람은 미움을 받는다. 즉, 차별을 받는다. 외모에 따라 다른 대우를 받는 일은 일상생활 여러 곳에서 자주 관찰된다.

연애 관계에서 외모가 떨어지는 사람은 인기가 별로 없다. 외모가 매력적인 여성일수록 결혼할 확률,[21] 고학력·고소득 남편을 만날 확률이 높기도 하다.[22] 법정이 내리는 형벌의 강도도 피고인의 외모에 따라 달라질 수 있다. 예를 들어, 확실한 증거가 없으면, 절도죄로 잡힌 못생

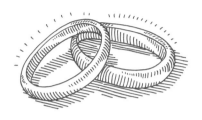

긴 사람은 더 엄격한 벌을 받을 수 있다.[23] 학교에서도 외모가 잘난 아이들이 그렇지 않은 아이들에 비해 벌을 덜 받거나 약한 벌을 받는다. 하지만 외모가 별 볼 일 없는 아이들은 괴롭힘과 놀림을 당하는 일이 더 많다. 회사에서도 매력적인 외모와 채용 가능성 사이에 연관이 있다. 외모가 떨어지는 사람일수록 외모가 매력적인 사람에 비해 돈을 적게 번다는 사실이 여러 연구를 통해 밝혀지기도 했다. 게다가 똑같이 일을 해도 외모가 나은 사람이 동료들에게 도움을 더 많이 받는다. 스포츠에서도 외모가 매력적인 선수가 후원사의 호감을 사고 미디어에 노출될 확률이 높다.

　다시 몸매 이야기를 해보자. 뚱뚱한 사람은 교육, 일, 치료 같은 기본적인 사회생활에서 차별을 받는다는 사실이 여러 연구를 통해 밝혀졌다. 뚱뚱한 사람을 혐오하는 현상은 일시적인 유행이 아니라 늘 있는 현실이다. 뚱뚱한 사람을 차별하는 일이 사회적으로 버젓이 일어나고 있다. 미디어를 보면 잘 알 수 있다. 영화나 드라마를 분석해보면 뚱뚱한 등장인물은 부정적인 이미지나 우스운 모습으로 나온다. 광고에서도 살을 빼서 날씬해질 때 행복해지는 것처럼 묘사된다. 그렇게 '뚱뚱한 사람=불행한 사람, 날씬한 사람=행복한 사람'이라는 공식이 굳어진다. 다른 사람들과 마찬가지로 교사들도 뚱뚱한 아이들을 탐탁치 않게 대한다.

즉, 교사들도 뚱뚱한 아이들에게 편견이 있으며(뚱뚱한 아이들은 머리가 둔할 것으로 생각한다) 이들을 다르게 대한다. 실제로 한 조사에서는 뚱뚱한 여성 중 32퍼센트가 몸무게 때문에 선생님들에게 차별을 당한 적이 있다고 대답했다.[24] 뚱뚱한 학생들은 특히 체육 시간에 차별을 더 받는 것으로 나타났다. 그러다 보니 뚱뚱한 학생들은 학년이 올라갈수록 체육 시간에 참여하지 않으려 하고, 단체 스포츠 팀원을 정할 때 다른 학생들에게 기피 대상이 된다.

일터에서도 뚱뚱한 사람들은 차별을 당한다. 미국에서 이루어진 대대적인 조사에 따르면 뚱뚱한 사람들은 뚱뚱하지 않은 사람들에 비해 일터에서 12배나 차별을 많이 당하는 것으로 나타났다. 여성들만을 대상으로 한 조사에서도 뚱뚱한 여성들은 뚱뚱하지 않은 여성들에 비해 무려 16배나 일터에서 차별을 더 당하는 것으로 나타났다. 뚱뚱한 사람들은 채용, 연봉 인상, 성과 평가, 해고 때 불리한 대우를 받는다. 의사, 간호사, 심리학자, 심지어 의대생들도 뚱뚱한 사람은 게으르거나 자기 관리가 되지 않거나 의욕이 없다고 생각하는 반면, 날씬한 사람은 긍정적인 이미지로 바라본다. 특히 의사들은 뚱뚱한 환자는 어차피 말을 듣지 않을 것이니 괜한 시간 낭비를 하지 않으려고 조언은 간단히 대충 한다고 대답했다.[25] 그러니까 뚱뚱한 환자는 뚱뚱하지 않은 환자에 비해 치료를 받을 때도 배려를 받지 못하는 것이 현실이다.

쓸쓸한 현실이다. 그런데 외모가 멋진 사람도 어떤 면에서는 부정적인 편견을 받을 때가 있다(가식적이거나 멍청하거나 이기적일 것이라는 편견). 외모가 멋지다는 평가를 받든, 못생겼다는 평가를 받든, 날씬하다는 평가를 받든, 뚱뚱하다는 평가를 받든 보이는 것이 중요한 평가 기준이 된다. 외양이 멋지냐 아니냐에 따라 전반적으로 다른 사람에게 받는 평가가 달라진다. 뚱뚱한 사람을 비웃는 일, 못생긴 사람을 피하는 일, 잘생기거나 예쁜 사람을 더 좋아하는 일 모두 우리 사회에서 아무렇지도 않게 일어나는 편견이자 차별이다. 외모에 따라 사회에서 이루어지는 차별이 가져오는 결과는 엄청날 수 있다.

평범한 외모와는 사랑에 빠지지 않는다!

| 장클로드 카우프만과의 대담 |

《On ne tombe pas amoureux d'une norme !》

장클로드 카우프만 | 사회학자, 작가, 전직 프랑스 국립과학연구원 연구 책임자, 파리 데카르트대학교 프랑스사회문화연구원 회원

우리 사회에 '몸매 깡패'라는 것이 존재한다고 하셨는데요, '몸매 깡패'라는 인식은 언제부터 시작되었을까요?

카우프만 탐욕을 경계하는 금욕주의가 나온 12세기부터 생겼다고 할수 있습니다. 당시 성모마리아 그림을 보면 호리호리한 여성의 모습으로 나온 예가 많습니다. 12세기는 사회에서 전반적으로 궁정 연애가 유행했습니다. 여성들이 궁정 연애 놀이에서 주도적인 위치를 차지했죠. 놀라운 사실입니다. 그러다가 르네상스 시대가 되면서 반대로 통통한 여성이 다시 각광을 받았습니다! 이후 변화는 계속되었습니다. 지금처럼 날씬한 몸매를 선호하는 경향은 19세기에 나타났습니다. 낭만주의 시대에는 무거운 물질주의 경향에서 벗어난 가벼운육체를 이상적이라고 생각했습니다. 제2차 세계대전 이후에는 이탈리아 영화에 이어 할리우드 영화의 영향을 받아 핀업 걸이 등장했습니다. 깡말라서 남성적이고 중성적인 느낌을 주는 여성에 대한 반발로 볼륨 있는 여성이 '진짜 여성답다'는 이미지가 다시 나타난 것입니다. 그러다가 1960년대에 분위기가 갑자기 달라졌습니다. 모델 트위기Twiggy가 새로운 여성상으로 각광을 받으면서 호리호리한 모델

이 출현한 것이죠. 이처럼 통통한 몸매를 선호하느냐 날씬한 몸매를 선호하느냐는 시대를 탑니다. 여성해방운동, 청년운동, 록 음악 유행과 함께 갑자기 날씬한 몸이 등장합니다. 하지만 이때의 날씬한 몸은 시선을 사로잡으려는 목적이 아니라 좀 더 자유로운 움직임을 이루려는 목적입니다. 소녀처럼 가슴이 납작한 여성은 남성들의 탐욕어린 시선을 받지 않고 해변에서 자유롭게 활보할 수 있습니다. 가슴이 납작한 여성은 가슴을 드러내고 해변을 거닐어도 남자를 유혹한다는 느낌을 주지 않으니까요. 오히려 남성 앞에서 여성이 당당히 몸을 드러낼 수 있게 되죠. 전반적으로 보면 날씬한 몸이 강조되는 시기는 여성해방운동이 벌어지는 시기와 겹칩니다.

여성이 남성보다는 날씬해져야 한다는 압박을 받습니까?

....

카우프만 남녀평등이 이전에 비해 많이 나아졌다고 해도 여전히 성별에 따른 고정관념이 있습니다. 이성을 유혹할 때 여성에게는 아름다움이 중요해지죠. 씁쓸하기는 하지만 '여자는 외모, 남자는 돈'이라는 방정식은 실제 현실에서 여전히 통합니다! 여성이 몸매를 가꾸고 외모를 꾸밀 때 시간을 얼마나 쓰는지 보면 압니다. 요즘은 남성도 외모를 점점 가꾸는 추세이지만 여성보다는 덜 하죠. 여성들은 자신과 비교 대상이 되는 여성들이 나오는 잡지를 상대적으로 많이 읽습니다. 다른 여성들을 보면서 자신을 돌아보는 것이죠. 미용을 다루는 남성 잡지도 발달하고 있으나 여전히 주류는 아닙니다.

평범한 외모와는 사랑에 빠지지 않는다!

왜 날씬한 몸매에 집착하는 거죠? 몸매 관리 능력을 인정받으려는 건가요?

카우프만 인식의 문제가 아닙니다. 보이지 않는 경쟁의 문제죠. 특히 여성들은 이웃 여성, 친척 여성, 직장 여성 동료가 이상적으로 날씬한 몸매를 지녔을 때 보이지 않는 경쟁심을 느낍니다. 사회가 요구하는 몸매의 기준도 날씬한 몸입니다. 그런데 사회가 요구하는 날씬함의 기준도 범위가 딱 정해져 있지 않아 끝이 없죠. 그러니 먹는 것을 거부하는 현상이 생깁니다. 12세기 종교적인 이유로 시작된 극단적인 금식으로 생겨난 거식증 말입니다. 12세기에는 극단적으로 단식하는 성녀들을 숭배하고 따랐습니다. 이러한 메커니즘이 계속되면서 일반인이 종교인보다 더 엄격하게 금식을 합니다. 그 결과 모든 사람이 점점 여기에 동참하게 되었습니다. 옛날 사회에서나 통하던 윤리의 틀은 더 이상 존재하지 않습니다. 이제는 인생의 의미와 가치 체계는 개인이 스스로 정하는 시대죠. 그런데 이것이 어떻게 보면 아주 복잡합니다! 그러다 보니 사람들은 보이는 것에 매달립니다. 몸매가 연애에서만 중요한 것이 아니라 자기 이미지에도 매우 중요한 역할을 하는 이유입니다. 더구나 학교에서 평가를 받을 때나 새로운 직업을 찾을 때 외모로 인한 차별이 존재한다는 연구 결과도 많습니다. 프랑스에서 외모 차별은 법적으로 금지되어 있지만 현실에서는 엄연히 존재하죠. 날씬해 보이면 실제로 얻는 장점이 많습니다. 날씬한 몸매가 공식적인 미의 기준이니까요. 그런데 여기에도 복잡한 부분이 있습니다. 예를 들어 같이 다닐 때는 모델처럼 날씬한 여성을 선호하면서도 정작 실제 연애에서는 전반적으로 통통한 여성을 선호하는 남성들입니다. 이런 남성들은 마음 같아서는 두 여성을 거느리고 싶겠죠! 실제로 일어나는 일이기도 합니다.

뚱뚱한 몸매가 부유함의 상징으로 각광받던 시대도 있었죠?

카우프만 19세기가 특히 그랬습니다. 당시에는 영양실조가 시급히 해결해야 할 문제였습니다. 먹을 것이 부족해 굶어 죽는 사람이 생긴 거죠. 그래서 서민들은 아이들을 배부르게 실컷 먹이려 했고 영양가 있는 음식이 필요했습니다. 중산층은 식탁을 푸짐하게 차려 잘 먹으면서 부를 과시했습니다. 그러나 지금은 완전히 반대입니다! 유럽에서는 거리에 나앉거나 극단적으로 일자리가 불안정해야 굶습니다. 불평등이 있기는 해도 우리가 사는 사회에는 먹을 것이 풍부합니다. 심지어 정크 푸드라도 실컷 먹을 수 있죠. 심리적인 불안감을 가라앉히기 위해 정크 푸드를 먹는 일도 있습니다. 상황이 이렇다 보니 비만이 늘어납니다. 중산층이 되거나 그보다 높은 수익을 얻는 계층이 되면 원 없이 먹을 수 있게 됩니다. 이렇게 되면 이상적인 날씬한 몸매가 되기 위해서는 자기 절제를 해야 합니다. 자기 절제를 통해 날씬한 몸매가 되어야 사회적인 위치와 자존감이 높아집니다. 모두 다이어트를 비판하면서도 막상 여름이 다가오면 살을 빼려는 모습을 쉽게 볼 수 있습니다. 그리고 살을 빼야 건강에 좋기도 하고요!

그러니까 날씬함은 그 자체가 목적이라기 보다 몸을 다듬는 여러 수단 중 하나죠?

카우프만 간단히 생각하면 이렇습니다. 많은 여성이 자신의 엉덩이에

불만이 많습니다. 엉덩이 살을 없앨 수만 있다면 많은 여성이 그렇게 할 것입니다. 자신의 몸이 마음에 안 들면 사회에서 이상적으로 생각하는 모델을 추구하게 됩니다. 외모에 자신 없는 여성들은 극도로 날씬한 몸매를 꿈꿉니다. 자신의 가슴이나 엉덩이가 너무 납작하다고 생각하는 여성들이 특히 그렇습니다. 이들은 자신이 비정상이라고 생각하며 불만을 가지게 되죠.

운동을 하면 건강해지고 필요한 근육이나 볼륨을 키워 몸매를 만들 수 있지 않나요?

카우프만 다행히 몸은 변합니다. 그러니 경쟁심에 빠질 필요도 없고 중독이 될 정도로 지나치게 자기 관리에 몰입할 필요도 없죠. 건강이 중요합니다. 우리는 끊임없이 먹게 되는 환경에 노출되어 있습니다. 물론 과식하고 지방과 당분이 몸에 많이 쌓이면 건강에 안 좋다는 것은 누구나 알고 있죠. 게다가 몸이 뚱뚱하면 사회생활에서 감점을 받습니다. 우리 모두 노력하라는 주문을 받습니다. 여성들이라면 더 강한 압박을 받죠. 우리가 사는 사회에서는 겉모습이 무엇보다 중요합니다. 온라인 만남에 대해 조사한 적이 있습니다. 처음에는 온라인에서 만남이 이루어집니다. 요리 블로그에서도 만남이 이루어지기도 하죠. 처음에는 간단한 코멘트를 남기면서요. 그리고 사람들은 쉽게 이렇게 말합니다. "중요한 것은 내면의 아름다움이지." 그것도 아주 진지하게요. 온라인에서는 상대방의 세계관, 상대방이 지닌 풍부한 내면을 발견합니다. 온라인에서는 더 이상 상대방의 겉모습에 휘둘리지 않으니 즐겁죠! 그다음 단계는 카페에서 만나기로

합니다. 그런데 대부분 첫 오프라인 만남에서 1초 만에 환상이 깨집니다. "이런, 말도 안 돼." 온라인에 올라온 사진이나 영상을 본 적이 있다고 해도 막상 실제로 만났을 때 외모가 별로면 즉각 거부감이 듭니다. 오프라인 만남에서는 내면의 아름다움이 아니라 무난한 외적인 아름다움이 중요합니다. 요즘 사람들이 날씬한 몸만 강조하는 사회 분위기를 비판하는 목소리를 다양하게 내고 있지만 패션, 모델, 여성 잡지, 미디어와 마찬가지로 자기 관리를 잘 못하는 사람들을 차갑게 바라봅니다. 사람들은 윤리와 관용주의를 내세우며 다양성을 받아들여야 한다고 주장하지만 기존의 메커니즘은 여전히 강하게 작용합니다. 우리는 분명 주류의 기준에 얽매여 있습니다. 하지만 이제는 정말로 주류의 기준에서 벗어나야 합니다.

어떻게 해야죠?

카우프만 주류 코드가 있으면 여기에 반항하는 코드가 있습니다. 요즘 아프리카와 남미 출신의 모델이 점점 많이 보이는 것이 그 예입니다. 이들은 기존의 아름다운 모델뿐만 아니라 차갑고 신중하고 감정이 절제된 서구의 문화 모델에 도전합니다. 그리고 가슴과 엉덩이의 볼륨을 재평가하도록 합니다. 가슴에 대한 평가는 이미 이루어졌으나 엉덩이에 대한 재평가는 좀 더 최근에 이루어지고 있습니다. 어떤 나라에서는 엉덩이의 지방을 제거하지만 어떤 나라에서는 엉덩이에 지방을 이식합니다! 그래서 유럽인들은 이상적인 합의점을 찾아다닙니다. 날씬한 몸매지만 탄탄한 가슴, 그리고 오늘날 선호하는 동그란 엉덩이죠. 엉덩이 부분을 좀 더 설명하면 크지 않되 날씬한 허벅지와 대조적으로 적당히 살이 붙으면서 군살 없는 동그란 엉덩이죠. 사실, 현실에서는 얻기 힘든 이상적인 몸매죠! 따라서 날씬한 몸매라는 획일적인 모델에서 벗어나 자신의 몸에서 출발해야 합니다. 아름다움은 다양합니다. 표준으로 정해진 하나의 아름다움하고만 사랑에 빠질 수는 없습니다! 예술가들은 우리가 볼 수 없는 아름다움을 보여주는 능력을 갖추고 있습니다. 주름살이 자글자글한 노인들을 찍은 흑백사진이 입을 쩍 벌어지게 멋지기도 하죠! 소위 우리가 '추하다'고 생각하는 것에서 아름다움을 발견하게 해줍니다. 아름다움의 기준이 어떻게 달라질지는 모릅니다. 그러니 다양성을 즐기는 법을 배워야죠.

인터뷰 정리 장프랑수아 마르미옹

입 닥치고
날씬해지기나 해

이상적인 몸매를 위해 어디까지 할 수 있을까? 브리스틀에 위치한 웨스트오브잉글랜드대학교 외모 연구 센터가 식이 장애 예방 자선 단체 석시드재단과 함께 실시한 조사에서 한 질문이다. 응답한 여대생 320명 중에 16퍼센트는 꿈에 그리는 몸매를 가질 수만 있다면 수명이 1년 줄어도 좋다고 대답했고 10퍼센트는 5년, 2퍼센트는 10년, 그리고 1퍼센트는 21년 이상의 수명을 포기할 각오가 되어 있다고 했다! 그러니까 여성 세 명 중 한 명이 완벽한 몸매와 최소 수명 1년을 맞바꾸겠다고 대답한 것이다. 뿐만 아니다. 완벽한 몸매를 가질 수 있다면 13퍼센트는 연봉 중 5000파운드를 포기하고 8퍼센트는 승진을 포기하고 9퍼센트는 배우자나 친구들과 보내는 시간을 포기하겠다고 했다. 가족을 포기하겠다는 대답도 7퍼센트나 되었다. 나머지 7퍼센트는 건강을 희생할 수 있다고 대답했다. 그리고 여성 두 명 중 한 명이 외모 때문에 놀림이나 괴롭힘을 당한 적이 있다고 밝혔다. 그리고 93퍼센트는 자신의 외모가 볼품없다고 생각했고 세 명 중 한 명은 매일 여러 번 외모 평가를 받는다고 했다.

성형수술까지 받는 비율은 5퍼센트에 불과하다. 하지만 39퍼센트는 돈만 있다면 성형수술을 받을 것이라 했고 그중 네 명 중 세 명은 반복적으로 성형수술을 받겠다고 했다. 무엇을 바꾸려는 것일까? 주로 몸무게였다. 응답한 여대생들 중 80퍼센트 정도는 평균 7.3킬로그램의 몸무게를 빼고 싶다고 했다. 그런데 실제로 여성 80퍼센트가 정상 체중이거나 정상 체중보다 살짝 덜 나갔다. 연구를 총지휘한 필리파 디에드리슈 Philippa Diedrichs의 설명에 따르면 80퍼센트나 되는 여성이 굳이 살을 뺄 필요가 없는데도 날씬함을 강조하는 사회적 압력에 눌려 스칼렛 요한슨 Scarlett Johansson 같은 몸매를 가지고 싶어 한다. 이들은 자기 자신을 잃어도 좋고 거식증이나 우울증 같은 심리 질환이 와도 상관없으니 스칼렛 요한슨처럼 되고 싶어 했다.

당신의
아름다운 털

*T'as de beaux poils,
tu sais...*

크리스티앙 브롱베르제 | 엑스마르세유대학교 인류학 명예교수

성기에 칼을 대는 할례나 포경과 달리 털과 머리카락은 잘라도 시간이
지나면 회복된다. 그래서 털이나 머리카락은 다양하게 변형시켜도 몸에
위험하지도 않고 시간이 지나면 원래대로 자란다. 털이나 머리카락은 자
르거나 깎거나 숱을 다듬거나 컬을 넣거나 컬을 펴거나 꼿꼿하게 세우
거나 꼬아서 딸 수 있다. 혹은 아프리카풍으로 꾸미거나 오일을 바르거
나 굵게 웨이브를 넣거나 윤기를 주거나 식물성 섬유나 인모를 사용해
길게 붙이거나(장기적으로 수익성 있는 사업 아이템이다) 염색하거나 탈색하
는 등 다양하게 변화시킬 수 있다. 털이나 머리카락은 변형해도 신체적,
심리적으로 큰 영향을 주지 않기 때문에 자유자재로 다룬다. 170만 년
전 호모 에르가스테르 이후 인간은 진화하면서 털이나 머리카락은 더
이상 체온 조절 역할을 하지 않게 되었다. 털이나 머리카락이 지니는 보
호 기능은 점차 문화적 관습으로 사라졌다. 땀방울이 이마를 타고 흘러
눈에 들어가지 못하게 막는 눈썹을 뽑게 된 것이다. 머리숱이 없는 사
람들은 태양 빛에 적응해갔다. 남성들 사이에서는 탈모기가 있으면 아
예 머리카락을 전부 밀어버리는 패션이 유행했다. 이처럼 원래는 신체
를 보호하기 위해 존재했던 털과 머리카락은 사회에서 필요에 따라 변
형되었다. 이는 털이나 머리카락은 없애도 사회적, 미적으로 문제를 일

으키지 않기 때문이다. 그리고 털과 머리카락은 성별 차이, 사회적 위치 차이, 이웃 나라 혹은 먼 나라 국민과의 차이를 상징적으로 보여주는 표시가 되기도 한다. 또한 순종적인 사람과 반항적인 사람, 삭발한 승려와 덥수룩하게 털을 기른 은둔자, 문명인과 야만인, 문화와 자연, 아름다움과 추함을 구분하고 사회와 시대에 따라 다양한 분류를 할 때 지표처럼 사용된다.

털의 반격

먼저, 남성성과 여성성의 차이를 보자. 털은 가슴이나 높은 목소리처럼 남성과 여성을 구분 짓는 특징이다. 선천적인 이런 차이는 후천적으로 점점 더 커진다. 10대가 되면 소년들은 본격적으로 털이 나면서 솜털이 콧수염이 된다. 소녀들은 다리와 얼굴에 난 털을 밀어버린다. 18세기처럼 몇몇 예외적인 상황이 아니라면 서구 역사에서는 여성은 털이 없이 매끈해야 하고 남성은 털이 수북해야 했다. 그것이 미의 기준이었다. 전통적으로 남성이 털을 통해 남성성을 과시했다면(턱수염, 콧수염, 가슴털) 여성은 유혹의 상징인 머리카락을 가려야 했다. "머리카락을 보인 여성이여 / 올 테면 오라." 옛 속담 구절이다. 모파상의 소설에는 한 여성이 콧수염의 매력을 칭찬하는 내용이 나온다("콧수염 없는 남성은 더 이상 남성이 아니라니까요"). 클라크 게이블Clark Gable처럼 옛날 인기 남자 배우들은 콧수염으로 매력을 뽐냈다.

하지만 콧수염은 가슴 털(와이셔츠의 벌어진 칼라를 통해 삐져나오는 가슴 털)과 마찬가지로 옛날이야기가 됐다. 최근 몇십 년 전부터는 완전히 달라졌다. 가슴 털은 이미지가 좋지 못하다. 요즘에는 털이 없는 몸이 동물적인 인상도 안 주고 냄새도 안 나고 깨끗하다는 인상을 준다. 여성의 머리카락도 사회의 속박에서 해방되었다. 스카프, 히잡, 모자의 속박에서 벗어난 것이다. 윤기 있게 찰랑거리는 긴 머리카락은 이제 젊음과 섹시함을 상징한다. 자유롭게 흩날리는 머리카락은 미적으로도, 정치적으로도 영향력이 있다. 그렇기 때문에 성차별에 저항하는 운동은 머리카락의 해방을 여성해방의 상징으로 삼았다. 예를 들어 유대인 페미니스트들은 전통에 따라 결혼할 때 머리카락을 자르는 풍습에 저항했다. 이 운동은 최초의 인류 아담의 첫 번째 아내이자 반항적인 성격의 릴리스에게서 영감을 받았다. 유대인 페미니스트들은 릴리스처럼 자유롭게 찰랑거리는 머리카락을 드러냈다. 하지만 모든 여성이 머리카락에 대한 억압에서 벗어난 것은 아니다. 이란 여성들은 스카프 사이로 머리카락을 조금만 보일 수 있다. 만일 공공장소에서 머리카락을 드러내면 처벌을 받는다.

서구 사회에서는 지난 30년 동안 남성의 털 관리가 크게 달라졌다. 1990년대에는 건축, 장식, 디자인, 음악뿐만 아니라 헤어스타일에서도 미니멀리즘이 유행하면서 털이 없는 스타일이 각광을 받았고 헤어스타일도 남녀의 차이가 크지 않았다. 그러다가 2010년대에 수염이 다시 각광을 받았다. 최근에 이루어진 어느 조사에 따르면 25~34세의 남성 가운데 92퍼센트가 턱수염을 기른다고 나왔다! 현재 프랑스에서 턱수염은 성인 남자의 상징으로 통한다. 그런데 과거에 턱수염은 오랫동안 노인의 상징이었다. 주로 일에서 은퇴한 남자들이 턱수염을 길렀기 때문이다. 이제 50대 이상의 남성 중에 턱수염을 기르는 비율은 32퍼센트에 불과하다. 시대에 따라 턱수염의 이미지가 완전히 달라지다니 신기하다. 턱수염을 바라보는 여성들의 인식에도 변화가 나타난다. 연인이 있는 젊은 여성들은 완전히 면도한 남성의 얼굴에 끌리는 비율은 적지만 (17퍼센트), 35세 이상의 여성 가운데 42퍼센트는 완전히 면도한 남성의 얼굴을 좋아한다고 밝혔다. 그렇다면 젊은 여성들이 선호하는 남성의 턱수염은 어느 스타일일까? 은퇴자, 혁명가, 혹은 은둔자처럼 관리하지 않고 지저분하게 기른 턱수염이 아니라 강압적인 분위기가 아니면서 섹시하고 잘 다듬어 기름을 바른 턱수염이다. 예전 권위 있는 직업군의 남성들이 덥수룩하게 기른 수염은 사절이라는 뜻이다.

최고의 자리에 등극한 금발

머리카락 색깔은 남녀의 차이를 강조한다. 서구에서는 고대부터 여성의 아름다움은 금발과 연결되었다. 단, 17세기 말부터 20세기 초까지, 그리고 지난 30년 동안의 시기는 예외였다. 지난 30년은 금발에 멍청하다는 이미지가 있었다. 하지만 그렇다고 해서 금발의 인기가 식은 것 아니다. 지금도 금발은 인기가 많다. 프랑스 화장품 회사 로레알에 따르면 프랑스 여성의 22퍼센트는 금발이라고 했으나 실제로 자연 금발의 프랑스 여성은 12퍼센트에 불과하다. 고대 판테온의 여신들은 금발이다. 기원전 14세기 프락시텔레스가 조각한 미의 여신 아프로디테를 보면 알 수 있다. 무훈시에 나오는 주인공(이졸데, 니콜레트…)은 물론 성녀, 특히 이탈리아 고전 회화에 나오는 성모마리아도 황금빛 금발이거나 반짝이는 강렬한 금발이다. 영어 형용사 '페어fair'도 '아름다운', '좋은', '금발의'라는 뜻이다. 하지만 아무리 시대를 초월해 유행을 한다고 해도 영원한 미의 기준은 없다. 1660년대부터 19세기 말, 자연적인 것을 중시하는 낭만주의 시대가 끝날 때까지, 금발의 유행은 시들해졌다가 1860년대 쉽게 탈색해주는 과산화수소가 시중에 나온 뒤로 다시 유행했다. 스타 여배우들(진 할로, 리타 헤이워드, 마를레네 디트리히, 매릴린 먼로, 제인 맨스필드…)은 제2차 세계대전 전후로 섹스어필, 부드러운 애교, 신비함을 상징하며 사랑을 받았다. 이들의 치명적인 아름다움은 1931년에 개발된 백금발 염색에 힘입어 더욱 빛났다. 금발은 단아함, 매력, 젊음, 성공, 힘과 같은 긍정적인 가치를 상징하기도 한다. 다이애나 왕세자빈과 힐러리 클린턴 등 성공하거나 힘 있는 여성들은 금발이다.

금발 여성이 사랑을 받는 이유는 무엇일까? 금발은 빛나고 귀한 황금을 떠올리기 때문이라 본다. 아울러 금발은 순수함을 상징하기도 한다. 좀 더 알아보자. 여러 사회를 관찰해 이루어진 분석에 따르면[26] 보편적으로 남성들이 금발 여성을 선호한다는 것을 알 수 있다. 가슴, 높은 목소리, 털이 없는 매끈한 몸, 숱이 많은 풍성한 머리카락과 마찬가지로 금발은 여성성을 나타낸다. 남성들은 보편적으로 여성미가 강한 여성들에게 끌리는 듯하다. 금발은 여성성과 여성의 성적 매력을 높여준다. 여성의 아름다움을 상징하는 이미지 하나가 보티첼리의 그림에 나온 비너스다. 그런데 보티첼리의 비너스는 금발일까, 적갈색 머리카락일까? 이에 대한 의견이 서로 팽팽하게 맞선다. 실제로 '베네치아의 금발'이라고 불리는 머리카락은 금발(순수함과 우아함의 상징)과 적갈색(치명적인 유혹의 상징)이 섞여 있다.

통과의례로서의 제모

남녀의 차이(혹은 비슷한 점)를 강조하기 위해 사용되는 털은 사회적 지위, 즉 나이, 계급, 직업을 상징하는 역할도 했다. 모든 통과의례는 제모 같은 의식이 있다.

아이가 태어난 후 이루어지는 의식 중에는 어머니와의 분리가 있다. 아이를 점차 온전한 개인으로 기르기 위한 절차다. 탯줄 자르기, 할례, 이발은 아이를 어머니와 떼어내려는 전통적인 절차에 속한다. 실제로는 행해지지 않는다고 해도 할례와 이발은 상징적으로 같은 의미를 지닌 의식이며 둘 다 이발사가 담당할 때가 많았다. 이발사가 할례 시행자 역할을 하는 경우가 많다. 발칸반도와 남미의 여러 나라에는 아이의 이발을 담당하는 대부나 대모가 있다. 아이의 이발은 세례와는 또 다른 의미로 아이의 생애에서 중요한 시점에 이루어진다(젖을 떼는 순간, 남자아이와 여자아이로 구분되는 2차 성징이 나타나는 순간). 지금도 우리 사회에서는 소녀는 긴 머리를 하고 어머니와 할머니는 짧은 머리를 하는 것처럼 나이에 따라 머리 길이를 구분하기도 한다. 지위가 달라질 때마다(결혼, 첫 아이 출산, 첫 번째 사회생활…) 달라지기도 한다. 이란은 여느 무슬림 국가와 마찬가지로 소녀가 결혼하기 전까지 제모를 하지 않는 것이 전통이다. 결혼식 전날, 제모 담당 여성 전문가가 석회, 면도칼, 왁스 코팅된 실, 약품을 사용해 능숙한 솜씨로 소녀의 몸에 난 털을 제거하고 매끈한 여성으로 탈바꿈시켜준다. 눈썹 정리도 공을 들여 이루어진다. 눈썹은 가느다란 아치형이 되어야 한다. 염소 다리처럼 털이 수북하게 난 소녀의 다리도 제모를 거쳐 매끈해진다. 눈썹의 상태는 일상에서 여성의 사회적 지위와 매너를 나타내는 지표가 된다. 하지만 여성 해방에 관심 있

는 소녀들은 이런 미의식에 과감히 도전한다. 서구의 미의식에 끌리는 이슬람 소녀들은 통과 의례를 거치기 전에 본인이 원하는 모양으로 눈썹을 다듬는다. 이런 소녀들은 사회적으로 비난을 받기도 하고 퇴학을 당하기도 한다.

헤어스타일과 정체성

털은 순종에 거부하는 반항적인 이미지다. 지난 세기 동안 미국 흑인들의 머리카락 관리 역사를 보면 머리카락의 상징적인 역할을 알 수 있다. 아울러 헤어스타일의 등장은 한 세대의 유행과 관계가 있으며 한 사회의 변화 과정을 보여주기도 한다. 20세기 초부터 1960년대까지 흑인들 사이에 숱 많고 곱슬거리는 머리카락을 생머리처럼 펴는 것이 유행이었다(이때 사용한 것이 석회다). 미국 흑인인 마담 워커(엘리자베스 아덴의 별명)는 흑인들의 머리카락을 펴는 약품과 고데기를 판매해 큰돈을 벌었다. 제2차 세계대전 이후 록 음악가들 사이에서는 찰랑거리는 생머리에 포마드를 바르는 것이 유행이었다. 그러다가 1950년대 중반 미국에서 흑인들이 사회 저항운동과 정체성 운동을 벌이면서 '아프리카 헤어스타일'이 '진실을 알리는 헤어스타일'로 불리며 각광을 받았다. 아프리카 흑인 출신임을 숨기지 말고 드러내자는 취지였다. 앤절라 데이비스, 지미 헨드릭스, 제임스 브라운은 획일화된 미의 기준에 반항하는 아이콘이 되었다. 백인인 척하는 흑인인 '화이트 니그로'의 모습이 아니라 머리카락을 자연스럽게 길러 왕관처럼 틀어 올리는 스타일이 떴다.

머리카락은 집단의 정체성을 상징하면서 개인의 정체성을 상징하기도 한다. 머리카락을 자르는 일은 새로운 이름이나 주민등록번호를 받는 것과 마찬가지로 정체성을 받아들이거나 부정하는 표시다(노예, 죄수, 유배자 등). 반항을 표시하든 순종을 표시하든 머리카락의 모양은 사회의 기준과 질서 안에 있는 개인을 상징한다. 부유층 가정에서 자란 사람들과 아웃사이더 계층에서 자란 사람들의 헤어스타일은 같지 않다. 기준에서 벗어난 헤어스타일은 사회와 정치 질서를 거부한다는 뜻처럼 보인다. 반항하는 사람, 순종적이지 않은 사람, 추방된 사람, 감옥에 갇힌 사람, 배척받는 사람들은 남다른 외모를 보인다.

머리카락은 영적 경험을 하거나 성스러운 것과 관계를 맺었음을 상징하기도 한다. 고행자, 은둔자, 악마에 빙의된 사람은 산발을 하거나 삭발을 해 일반 종교인들과는 다른 모습을 보인다. 로마 기독교의 역사에서 수도사는 이발하거나 삭발을 했다. 반면 은둔자처럼 속세와 거리를 둔 사람은 수염과 머리를 덥수룩하게 길렀다. 그러나 시간이 지나면서 수도원이 사막과 숲에 사는 은둔자보다 우위에 서게 되었다. 삭발한 수도사와 산발한 은둔자 사이에 있는 평수도사는 삭발도 아니고 산발도 아닌 중간 형태의 헤어스타일을 하며 수도원 생활에서 중간 위치를 차지했다. 평수도사는 밭일을 했다. 그들은 수도사나 은둔자처럼 삭발도 하지 않았고 수염을 기르되 깨끗하게 다듬었다. 평수도사의 헤어스타일은 깨끗하게 다듬은 수확물 더미에 비유할 수 있다.

덥수룩한 머리는 지나치게 자연적인 것을 추구하는 성향, 나아가 동물적인 야성을 상징할 수 있다. 숲에 사는 남자, 씩씩대는 사냥꾼, 체면이고 뭐고 벗어던진 미친 사람, 신의 율법을 따르지 않는 어부, 야만인, 원시인은 일반적으로 털이 무성한 모습으로 표현된다.

머리카락, 털 관리는 외모와 행동을 상징하기에 논란이 되는 주제다(세대에 따른 차이, 사람들 사이의 생각 차이, 같은 사회에 살지만 이념이 다른 구성원의 차이가 있다). 통용되는 헤어스타일을 보면 해당 사회에 대해 많은 것을 알 수 있다.[27]

SNS에서 자기 연출, 잘생긴 얼굴과 못생긴 얼굴을 넘어

LA MISE EN SCÈNE DE SOI SUR LES RÉSEAUX SOCIAUX : AU-DELÀ DU BEAU ET DU LAID

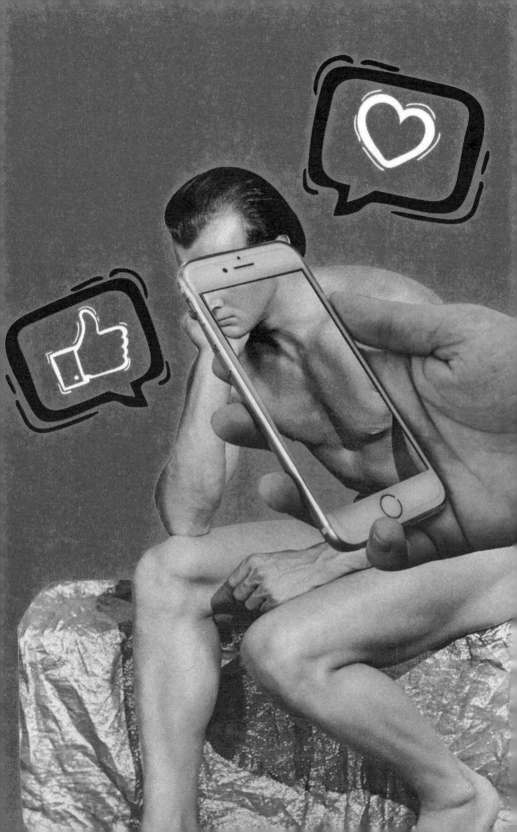

베르트랑 내벵 | 예술 및 미디어 이론가, 이미지 예술과 현대 예술 센터 연구원

우리는 그 어느 때보다 '공유하는 사회'에 살고 있다 그러다 보니 끝없이 자신의 모습을 연출해 일상을 공유한다. 프랑스의 정신분석가 세르주 티스롱Serge Tisseron은 사생활을 노출하는 시대라고 말한다. 실제로 온라인에서는 끝없이 사생활이 공개된다.[28] 우선, TV 리얼리티 프로그램을 보자. 출연자들은 카메라 앞에서 공개적으로 먹고 잠을 자고 서로 사랑하고 다툰다. 요즘만큼 사생활이 공개되는 때도 없다.

코 풀기만큼 흔해진 셀카

1888년, 미국의 비즈니스맨 조지 이스트먼George Eastman은 대중을 대상으로 한 카메라를 발명하고 판매해 개인 생활에 혁명을 일으켰다. 원칙은 간단하다. 슬로건만 봐도 알 수 있다. "셔터만 누르세요. 나머지는 저희에게 맡기세요." 새로운 사진 기술의 시대가 열린 것이다. 누구든 셔터만 누르면 사진을 찍을 수 있게 되었다. 검은색 가죽으로 덮인 단순한 나무 상자 모양의 카메라는 필수품이 되었다. 코닥 카메라를 사용하는 소비자는 복잡한 조작과 기술, 영상 배치 기술을 알지 못해도 셔터만 누

르면 되었다. 사진 현상은 코닥이 운영하는 필름 현상소에 맡기면 끝이었다. 이렇게 진정한 아마추어 사진 시대가 시작되었다. 과학을 좋아하는 사람이나 사진 예술을 배운 사람이 아닌 비전문가도 사진을 찍을 수 있게 된 셈이다. 코닥의 광고를 보면 일상의 순간을 사진으로 찍는 아이와 어머니의 모습이 나온다. 사진의 대중화는 물론 점차 커지는 가정생활에 대한 관심을 상징한다.

하지만 코닥이 발명한 카메라는 필름을 현상해 사진으로 뽑지 않으면 그 모습은 공개되지 않는다. 그러다가 즉석 사진기가 나오면서 새로운 혁명이 일어났다. 이제 폴라로이드로 사진을 찍으면 바로 사진이 나왔고 그 자리에서 사진을 건네줄 수 있게 되었다. 이렇게 해서 개인 사진을 서로 공유하고 전하는 시대가 열렸다. 실제로 즉석 사진 위에 이름이나 글귀를 써서 전해줄 수 있었다.

동시에 많은 예술가들도 자신의 은밀한 모습을 찍을 수 있게 되었다. 예술가들은 아름다운 외모와 천재적인 재능을 보여주기보다는 아무리 품위 없고 보기에 별로여도 평범한 인간의 모습을 있는 그대로 보여주고 싶어 했다.[29] 레오나르도 다빈치의 시대와는 다르다. 1512년 경 라파엘로는 〈아테네 학당〉을 그릴 때 플라톤의 얼굴을 레오나르도 다빈치의 얼굴에서 따왔다. 포스트 모던 폴라로이드를 상징하는 대표적인 인물로는 코를 푸는 자신의 모습을 사진으로 남긴 앤디 워홀Andy Warhol(〈코를 푸는 앤디〉, 1978), 자신의 부은 얼굴을 사진으로 찍어 보여주는 낸 골딘 Nana Golden(〈자화상 - 맞은 후〉, 1984)이 있다.

이처럼 예술가들은 평범한 인간다운 모습을 보이며 정해진 아름다움에 의문을 제기했다. 이렇게 해서 별 볼 일 없는 일상의 모습을 사진으로 보여주는 예술 방식이 시작된다. 영국 감독 더글러스 고든Douglas

Gordon은 자기 얼굴에 스카치테이프를 더덕더덕 붙인다(〈괴물〉, 1997). 애나 폭스Anna Fox는 〈슈퍼 스낵스 시리즈〉(2002~2003)에서 와인을 마시고 취해가는 자신의 모습을 사진으로 담는다.

스마트폰 카메라를 사용하면서 우리는 일상과 평범한 순간을 사진으로 담는다. 이로써 우리는 프랑스 사회학자 피에르 부르디외Pierre Bourdieu가 말한 '사진의 기회'에서 벗어나게 되었다. 피에르 부르디외가 1965년에 말했던 것처럼 아마추어 사진은 오랫동안 동호회 형식으로 이루어져 상대적으로 특별한 기회와 특별한 사물을 주로 찍었을 뿐[30] 일상에서 볼 수 있는 환경은 절대로 찍지 않았다.[31] 그런데 요즘은 반대로 일상의 매 순간이 사진의 소재가 될 수 있다. 디지털카메라의 시대가 휴대폰 카메라의 시대로 변하면서 가능해진 일이다. 예전에는 필름 가격도 비쌌고 찍을 수 있는 사진의 양도 12장, 24장, 36장으로 제한되어 있어서 사진을 많이 찍을 수 없었다. 하지만 스마트폰만 있으면 이제 무한정으로 사진을 찍어 저장할 수 있다. 메모리가 쌓이면 클라우드에 저장하면 된다. 그 결과 자신의 모습을 포함해 다양한 사진을 무제한으로 찍을 수 있게 되었다.

#사생활

사진의 발달로 자신의 일상을 끊임없이 알리고 싶은 욕구가 커지게 됐다. 이제 누구나 자신의 모습을 연출해 보여줄 수 있는 수단이 생겼기 때문이다. 예전에는 소수 엘리트 계층의 예술가들만 누릴 수 있었던 일을 이제는 모두가 누릴 수 있게 되었다. 특히 휴대폰이 스마트폰으로 진화하면서 카메라 기능이 좋아져 개인의 사진을 교류와
소통의 수단으로 사용할 수 있게 되었다. 이제는 더 이
상 추억으로 간직하거나 나중에 가족이나 지인들과 같
이 보려고 바닷가 사진을 찍지 않는다. 그보다는 현재
의 순간을 찍고 SNS에 올려 친구들, 멀리 떨어져 있는
부모님에게 어떻게 살고 있는지 보여준다. 이는 우리가 사는 시대 배경
과도 관계가 있다. 일 때문에 고향을 떠나거나 집에서 멀리 떨어져 다양
한 여가 활동을 하는 일이 많아져서다. 점점 집에 있는 시간이 줄고 바
깥에서 활동하는 일이 많아진다. 그래서 우리는 사진과 동영상을 SNS에
올려 일상을 전한다.

스튜어트 프랭클린Stuart Franklin은 다큐 사진
을 다룬 책[32]의 서문에서 1926년 스코틀랜드 출
신의 존 그리어슨John Grierson이 '현재의 상황을
창의적으로 다룬다'는 의미로 영어 '다큐멘터리
documentary'라는 용어를 처음 사용했다고 밝혔다.[33] 21세기 초연결 시대
를 사는 사람들은 자신의 일상을 창의적으로 다루고 있다. 스마트폰에
내장된 카메라에 이미지 필터와 보정 기능이 있어서 평범한 일상을 그
럴듯하게 꾸미는 일이 훨씬 쉬워졌다.

이제 평범한 사람 누구나 일상의 예술가가 될 수 있다. 기술의 힘 덕
분에 일상의 순간을 사진으로 빠르게 찍어 보정할 수 있기 때문이다. 현
대에는 1분 1초가 아깝기 때문에 이러한 기
술이 발달했다. 엄청나게 바쁘게 활동하고 움
직여야 하는 시대여서 생각할 시간도 없다.
사진을 얼른 SNS에 올리거나 영상 문자를 얼

른 상대방에게 보내야 하기에 사진을 정성스럽게 찍을 여유가 없다. 페이스북, 인스타그램, 스냅챗의 프로필 사진에 담긴 일상은 수시로 바뀌고 잊혀진다. 정보는 넘쳐나고 즉각 처리해야 할 일이 계속해서 늘어나면서 진득하게 하나에 관심을 기울일 수 없다. 빠르고 효율적으로 움직여야 하는 시대다. 그래서 우리는 1인 리포터가 되어 GAFAM(구글, 아마존, 페이스북, 애플, 마이크로소프트)이 고안한 필터로 사진을 꾸미며 즐거워한다. 그런데 이 때문에 오히려 획일적인 미를 강요받고 사생활을 상품화한다. 우리는 더 이상 일상에 대해 스스로 쓰는 것이 아니라 앱에 의지해 일상을 편집한다. 편지가 이모티콘으로 무장한 각종 톡 메신저 서비스에 자리를 내주면서 소통은 기호와 꾸밈 기능으로만 이루어져 개성이 없어진다.[34] 우리는 점점 더 글로벌 기술이 정해준 언어와 생각을 따른다. 앱 B612는 셀카를 자동으로 필터로 보정해 이상적인 필터를 찾는 수고를 덜어주며 귀한 시간을 아껴준다.

우리의 존재는 기술에 지배를 받게 되었다. 일상을 기술에 의존하면서 매 순간 해시태그가 달려 장르와 테마별로 분류가 된다.[35] 해변에서 보낸 오후, 레스토랑에서 먹는 저녁, 아이의 탄생이 #해변에서, #레스토랑, #출산과 같은 해시태그와 함께 즉각 인스타그램, 페이스북, 스냅챗에 포스팅된다. 이처럼 사생활은 남들과 공유하는 소재가 된다. 이는 불특정 다수에게도 알려지고 싶은 욕구를 나타낸다. 이렇게 해시태그가 달린 우리의 삶은 알지 못하는 불특정 다수에게 전해질 가능성이 있어서 진정한 2.0 스타가 된 기분을 느낀다. 그 결과 우리는 강박적이고 충동적인 관계에 중독되어 진짜 일상은 없어지고 공유하기 위한 일상이 남는다. 이 정도면 우리가 사는 목적은 SNS를 장식해 '좋아요'와 댓글을 받으며 삶을 인정받는 것이 된다. 남에게 인정을 받으면서 기쁨을 느끼게

되면 이것이 두뇌에 각인된다. SNS를 할수록 온라인 친구들에게 긍정적인 피드백을 받고 싶다는 욕심에 충동적인 성향이 되고 이성을 상실할 수 있다.

네티즌을 모방하는 스타들

여기서 끝이 아니다. 우리가 이미지를 올리면 몇 초 만에 누구나 볼 수 있다는 생각에 무난한 포즈를 잡으며 연출하려 한다. 자발적으로 연기를 하는 셈이다. 실제로 우리가 계속 찍는 사진들은 점점 개성이 없어지고 SNS에서 인정받을 수 있는 기준을 따르게 된다. 우리의 사진과 영상은 인위적인 행복을 연출하는 무대가 된다. 그 결과 이제는 휴양지를 선택할 때도 인스타그램에 올릴만한 곳인지가 기준이 된다.[36] 즉 인스타그램에 올리면 '좋아요'를 받을 수 있는 휴양지를 선택하는 것이다. 심지어는 인스타그램의 로고를 달아 인스타그램에서 잘 나오는 장소를 선보이는 곳들도 있다. 이제 젊은이들은 틱톡에서 좋아하는 배경을 선택해 춤을 추는 모습을 촬영하기도 하고, 영화 속 대사를 가져와 자신이 연기하는 모습을 촬영하며 패러디 문화를 즐긴다. 우리는 가족과 식사

할 때도 행복하고 만족스러운 모습을 과장되게 연기하고 해변의 감성도 과장해서 표현한다. 우리는 더 이상 진짜 삶을 사는 것이 아니라 원하는 모습을 연기할 뿐이다. 구독자들을 즐겁게 하고자 우리는 지나치게 행복하고 즐거운 척을 한다. 삶이 드라마나 게임이 되었고, 그 속에서 주인공이나 스타가 되어 온라인 친구들이 지켜보는 것을 즐긴다.

끝없이 다양한 콘텐츠를 선보이는 넷플릭스처럼 사용자들을 다양한 모습으로 만들어주는 SNS는 이제 모든 픽션의 무대다. SNS는 점점 더 다양한 모습이 요구되는 현대사회의 모습을 닮았다. 이러한 다양성에 연출의 방식도 영향을 받는다. 가령 비건이라면 필터 없는 사진을 좋아할 것이다. SNS에 소개되는 외모는 점점 다양해질 것이다. 동시에 점점 더 많은 젊은이가 자신의 인스타그램 사진과 비슷해지려고 성형할 것이다. 인스타그램에 올리는 사진은 얼굴의 다크 서클을 지워주거나 얼굴을 보정해주는 앱들 덕분에 더 멋있어질 것이다. 이처럼 SNS는 새로운 미의 기준을 전파하고 왜곡된 자신의 모습을 진짜라고 생각하게 한다. SNS는 그러면서 역설적이게 외모의 기준에 의문을 품는 장이 되기도 한다고 커뮤니티 매니저 로즈 아지Rose Aji는 말한다. 우리 사회를 진정으로 비춰주는 SNS는 잘생긴 외모와 못생긴 외모 사이의 전통적인 이분법을 극복하는 변화를 보여준다. 이는 아름다움과 문화가 급격히 변하는 20세기가 낳은 결과다. 그러면서도 각 소속 커뮤니티에서 기대하는 기준에 자신의 모습을 맞춰 공유하려는 압박감도 존재한다.

20세기까지 미디어(그림부터 TV까지)는 관객과 시청자들에게 일방적으로 미의 기준을 제시했으나 21세기에는 2.0시대가 되면서 이러한 경향이 뒤집어졌다. 즉, 이제는 네티즌이 스타에게 미의 기준을 제시한다. 실제로 예술가나 평범한 사람이나 모두 집이나 꾸밈없는 무대를 배경으로 일상을 드러낸다. 스타들은 인스타그램으로 팬들과 소통하며 친밀감을 높이고 인위적인 방송용 이미지와 거리감을 깨고 있다. 스타들도 구독자들과 마찬가지로 셀카 이모티콘, 혹은 일러스트 형식의 텍스트를 이용해 자신을 연출한다. 이처럼 스타들은 친구에게 하는 방식으로 팬들에게 다가가려 하고 기존의 홍보용 미디어보다는 평범한 개인의 모습을 보여주는 SNS를 선호한다. 예전에는 예술가들이 자화상을 사용해 자신의 아름다움을 보여주거나 못생긴 모습으로 충격을 주었다. 그러나 오늘날은 이런 목적으로 자신을 연출하지 않는다. 중요한 것은 오직 하나, 평소의 일상과 기분을 공유하는 일이다. 페이스북은 사용자들에게 권위적이지 않게 자신을 표현하라고 한다. 인터넷과 웹 초기에 추구한 수평주의가 2.0시대의 논리와 다시 만났다. 2.0시대의 논리는 모든 미적 가치, 조형적 가치, 그리고 윤리적 가치에 존재하는 서열에서 해방되는 것이다. 그렇기 때문에 SNS에서 스티커로 사진을 변형시키고 섹스 토이처럼 꾸민 얼굴을 셀카로 찍거나 배 위에 A4용지를 올려서 얼마나 날씬한지 보여줄 수 있다. 또한 자살한 지 얼마 안 된 불쌍한 사람의 시신 옆에 있는 자신의 모습, 혹은 모범적인 아빠처럼 딸들과 놀아주는 자신의 모습을 영상에 담을 수도 있다. 모든 것을 포스팅할 수 있고 아무리 기괴하고 토할 것 같은 것도 전부 포스팅된다. 시각 문화 역사학자 앙드

레 군더트André Güntert는 이렇게 말했다. "셀카를 찍다 보면 추한 모습은 피할 수 없다. 그런데 추한 모습도 필요하다. 추한 모습을 보이면 상대는 그저 감상만 하고 끝나지 않고 뭔가 반응을 보이기 때문이다."

공유와 자기 연출이 호응을 받으면 시민 행동이 생겨날 수도 있다. 최근에 일어난 #클린챌린지cleanchallenge가 좋은 예다. 교외에 사는 젊은이들에게 사는 곳을 깨끗이 청소하고 이를 온라인에 공유해 반응을 얻은 다음 다른 도시의 젊은이들도 동참시키는 것이 이 운동의 취지다. 그러나 이런 온라인 운동이 언제까지 지속될 수 있을지 생각해봐야 한다. 진심으로 세상을 변화시키고 싶다는 욕구로 움직이는 것일까, 아니면 온라인에서 주목을 받고 싶어서 움직이는 것일까? 어쨌든 공유와 자기 연출이 호응을 얻는 것은 특별한 일상이든 평범한 일상이든 매번 타인과 나누고 싶다는 마음이 있어서다. 심지어 자신의 죽음까지 타인에게 중계하려는 극단적인 사례도 있다. 실제로 2016년에 19살 소녀 오세안이 수 시간 동안 비디오 스트리밍 앱 페리스코프에서 자살 과정을 실시간으로 중계했다. 절도나 살해 과정을 온라인으로 실시간 중계하는 경우도 있다. 2019년 3월, 브렌턴 태런트는 서바이벌 게임 〈포트 나이트〉를 재현하듯 뉴질랜드 동부의 도시 크라이스트처지에 있는 모스크 두 곳에서 신자 51명을 죽이고 49명에게 부상을 입히는 과정을 영상에 담아 페이스북에 실시간으로 중계했다. 이러한 끔찍한 과정이 공개되어 네티즌 수천 명에게 공유되는 것이 현실이다. 극단적인 투명성과 수평적인 관계를 전도한 마크 저커버그가 만든 SNS의 논리가 괴물들을 만들었고 그들이 우리 일상에 모습을 드러내고 있다.

공연이 된 인간관계

현대사회가 매시간, 어디에서나 온라인에 자기 연출을 하는 일에 열광하는 이유가 무엇인지 생각해봐야 한다. 새로운 미디어인 SNS를 통해 어느 정도 우리의 노출 본능을 채울 수 있어서일까? 아니면 자신을 드러내고 타인들의 시선을 즐기는 것이야말로 철학자 베르나르 스티글러Bernard Stiegler가 "시대를 초월했다"[37]고 묘사한 현대사회의 표현 방식일까? 전통적인 사회구조와 문화에서 벗어남과 동시에 공동 목표 의식이 사라지고 개인만이 파편적으로 존재하는 미래와 마주하고 있다는 점에서 현재 시대는 시대를 초월했다고 할 수 있다. 더 이상 멋진 과거를 돌아보지 않고 미래도 오늘보다 낫지 않을 것이라고 생각하는 것이 현대 시대의 새로운 특징이라면 어떻게 외면할 수 있을까? 역사학자 프랑수아 아르토그François Hartog는 요즘 시대를 '철학적 현재주의'[38]라고 부른다. 이러한 시대에 개인은 더욱 자신에게 매몰되면서, 동시에 자신과 맞는 타인에게 소속되고 싶은 것은 아닐까? 우리는 자신의 일상을 픽션으로 만들어 그대로 믿고 싶어 한다. 그러면서 또 한편으로는 온라인 커뮤니티에서 무언의 환영을 받으면서 자기 마음에 드는 새로운 인간관계만을 맺으려 한다. 개인, 가정, 문화의 배경에서 벗어나 순수하게 자신만을 보고 공감해주는 새로운 인간관계 말이다. 공동 가치가 무너지고 정치 위기와 환경 위기가 반복되면서 쇠약해진 이 세상을 매일 평범하게 살아가면서 다른 사람들에게 '좋아요'와 긍정적인 반응을 얻으면 기분이 좋아진다. SNS는 이러한 분위기를 간파한 것이다. 게다가 SNS는 스포츠를 하든 부모의 역할을 하든 개인이 하는 활동을 공연처럼 특별하게 만들어주니 인기를 얻게 된다. 아이와 놀아주거나 조깅을 하는 모습을 공유해야 온라인에서 '좋아요'를 받을 수 있다.[39] 이처럼 우리는 일상을 연출하는 시대에 살고 있다. 우리가 연출한 일상은 개인 데이터가 되어 SNS를 통해 광고주들에게 팔린다. 우리가 일상을 콘텐츠로 삼아 유튜브에서 수익을 얻을 때도 마찬가지다. 인플루언서들이 좋은 예다. 인플루언서들은 금전적인 대가를 받는 대신 특정 브랜드를 홍보하고자 브이로그를 찍거나 언박싱 이벤트를 벌인다. 온라인에서 주문한 제품을 열어보는 장면을 촬영해 유튜브에 공유하는 것이 요즘 유행하는 '하울haul 영상'이다. 이제는 우리 모두가 일상을 파는 기업가 아닐까? 우리는 시나리오 작가이자 배우이자 촬영감독이자 커뮤니티 매니저로서 우리의 일상을 픽션으로 만든다. 그리고 일상 콘텐츠를 기반으로 한 이 픽션이 온라인에서 성공적인 호응을 얻기를 바란다. 그러다 보니 우리는 자연스러움과 즉흥적인 것을 포기하고 공들여 우리 자신을 연출하는 것을 선택한다.

여기서 현대사회의 역설이 존재한다. 현대인은 사생활을 중시하면서, 동시에 기술을 통해 사생활을 연출해 홍보한다. 취미는 직업처럼 최대한 근사하게 보여준다. 온라인 인간관계에 집착하는 것은 개인의 외로움과 공허함이 커졌기 때문이다. 자연스러움은 통제되고 계산된다. 기술이 인간처럼 보인다. 기술이 지능도 갖추고 있는 것처럼 보인다. 기술 덕에 우리 삶은 언제나 간단해진다. 우리는 자유의지 없이 그저 기술이 이끄는 대로 기술을 사용하며 기술의 노예가 된다.

우리는 스스로 일상을 연출해 SNS에 올린다고 생각하지만, 엄밀히 따지고 보면 GAFAM의 코드에 순응하는 것 뿐이다.[40]

외모를 중시하는 아이들

| 자비에 포메로와의 대담 |

Les enfants de l'apparence

자비에 포메로 | 보르도 CHV의 아키렌 청소년 클러스터 소장

청소년이 되면 정말로 외모에 신경을 많이 씁니까?

포메로 그렇습니다. 우리가 원치 않아도 청소년이 되면 몸이 달라지
죠. 이러한 신체 변화를 막을 수도 없고요. 신체 변화는 청소년기에
겪는 과정입니다. 청소년이 되어 신체에 변화가 생기면 여드름이 생
기거나 체형이 변하는 등 마음에 안 드는 점도 생기죠. 그러다 보니
청소년이 되면 외모가 신경 쓰여 자주 거울을 봅니다. 남자아이나
여자아이나 똑같죠. 청소년은 변한 몸에 적응을 해야 합니다. 하지
만 사실, 못생긴 청소년은 거의 없습니다. 거리에 보이는 청소년들
은 멋집니다! 청소년들은 자신에게 맞는 패션스타일과 헤어스타일
을 알고 카메라 앞에서 자연스럽습니다. 자신감 없이 쭈뼛거리는 어
른들과 다르죠. 저희 세대 때 청소년들은 자신이 못생겼고, 너무 마
르거나 뚱뚱하다고 생각했습니다. 부모들도 아이들에게 부정적인
이야기를 많이 하며 감시했고요.

청소년들이 외모에 신경을 쓰는 것은 부모의 압력 때문이라는 말씀이신가요?

....

포메로 물론이죠! 부모들은 간섭이 너무 많습니다. 수많은 부모가 아직 어린 아이에게 교정기를 끼우고 자세를 바로잡는다며 치과와 물리치료 센터에 데려가죠. 아이들은 간혹 부모에게 반항하려고 장난을 칩니다. 여자아이는 화장을 진하게, 남자 아이는 괴상한 옷차림을 하고 학교에 갑니다. 청소년들은 관심을 받고 싶어 합니다. 청소년들은 또래 그룹에 들어가 소속감을 느끼는 것을 중시합니다. 청소년들은 소속 그룹과 같은 패션을 통해 정체성을 찾습니다. 그래서 청소년들은 SNS에 올릴 사진을 엄격히 고르고 보정을 하죠. 청소년들은 배우처럼 자신의 이미지를 효과적으로 연출합니다. 청소년들은 자신의 이미지를 생산해내는 능력이 충분합니다!

SNS로 이러한 현상은 더욱 심해지고 있죠?

....

포메로 청소년들은 의식하지 못하겠지만 끝없이 SNS에 자신의 모습을 올리면서 안심합니다. 하루 종일 셀카를 찍는 것은 '내 이미지의 주인은 나야'라는 말을 하기 위해서죠. 유행을 따라가지 못하거나 부모가 최신 스마트폰이나 유명 브랜드의 옷을 사주지 않으면 청소년들은 소외감을 느끼며 괴로워합니다.

청소년, 심지어 아동의 외모를 테마로 하는 시장도 형성되어 있습니다.

....

포메로 여자아이는 다섯 살 때까지 바비 인형 놀이를 하다가 이후에는 스스로 바비 인형이 되려고 합니다. 그래서 바비 인형처럼 머리 핀을 꽂고 바비 인형과 비슷하게 화장을 합니다. 화장은 또래의 청소년들에게 호응을 받는 이미지를 만드는 것이 목적입니다. 청소년 시기에는 무분별하게 소비하고 단짝 친구들과 어울려 다녀야 하니까요.

이 모든 것이 사랑을 찾고 성을 알아가는 과정에서 중요한 역할을 하나요? 예를 들어 청소년 때는 자랑스럽게 보여줄 수 있는 사람과 데이트를 해야 한다고 생각하지 않습니까?

포메로 세월이 지나 많은 것이 달라졌습니다. 그런데 청소년들의 연애 생활은 이전 세대와 달라지지 않았습니다. 요즘 청소년들도 마음에 드는 상대를 유혹하고, 상대의 마음에 들려고 노력하고, 사랑하고, 사랑받고 싶어 합니다. 더구나 요즘 청소년들도 사랑하지 않아도 잠자리를 할 수 있습니다. 이런 목적으로 사귀는 사람을 청소년들은 '섹스 파트너'라 부릅니다. 마음과 몸을 분리할 수 있는 것이죠. 이는 청소년들에게 속임수처럼 작용할 수 있습니다. 사랑 없는 성관계가 쿨한 것처럼 생각될 수 있고 너무 이른 성관계로 인해 위험에 빠질 수도 있죠. 청소년들은 다른 사람들이 못생겼다고 말하는 사람에게 쉽게 빠지지 않습니다. 그 사람이 매력이 있어도요. 이것도 청소년들이 즐기는 반항적인 문화죠. 외모가 떨어져도 특정 분야에서 유명하거나 유머 감각이 뛰어나다면 관심을 가질 수 있지만, 어쨌든 청소년들은 외모에 굉장히 관심이 많습니다.

청소년들은 부모의 외모에도 신경 쓰나요? 어쨌든 10대가 되면 외모를 포함해 완벽한 부모는 세상에 존재하지 않는다는 사실을 깨닫게 되지만요.

[포메로] 청소년들은 부모를 못마땅하게 생각할 때가 많습니다! 더구나 청소년들은 친구의 부모보다 자신의 부모에게 훨씬 더 비판적입니다. 청소년들은 부모처럼 되고 싶지 않아 합니다. 가족끼리 있을 때도 청소년은 이런 말을 듣습니다. "이런, 넌 도대체 누굴 닮았니? 아빠를 닮은 거니? 엄마를 닮은 거니?" 이런 말을 들으면 청소년들은 기분 나빠 합니다. 청소년들은 절대로 부모와 똑같아지고 싶어 하지 않고, 오히려 반대로 부모와 완전히 다른 존재가 되고 싶어 합니다.

청소년들은 자신을 모델과 동일시하나요? 요즘도 스타나 유튜버를 닮고 싶어 하나요?

[포메로] 나중에 무엇을 하고 싶냐고 물으면 '인기를 얻고 싶다', '돈을 많이 벌고 싶다'고 대답하는 청소년이 많습니다. 소비사회를 사는 아이들에게는 돈과 인기가 중요합니다. 다행히 나이를 먹을수록 청소년의 야심도 정리가 됩니다. 그다음에는 구조와 관련된 직업을 갖고 싶다고 하는 아이들이 많습니다. 예를 들어 다친 동물에 공감을 한다든지, 수의사가 되고 싶어 한다든지, 봉사 활동을 하고 싶다든지, 사람들을 고쳐주고 싶다고 이야기합니다. 청소년들이 자신을 조금 특별한 존재로 생각하는 것이죠.

인기를 얻고 싶다고 말하는 청소년들은 스스로 잘 팔리는 상품이나 모델처럼 되고 싶다는 것인가요?

포메로 청소년들이 특별히 그런 인식을 하는 것 같지는 않습니다. 영상을 촬영하고 포스팅을 하는 것은 최대한 많은 사람들의 관심을 끌기 위해서입니다. '좋아요' 수를 늘려 많은 사람들에게 알려지려는 청소년들도 있습니다. 원하는 만큼 관심을 얻지 못하면 과장을 하고 위험을 무릅써서라도 인기를 얻으려는 청소년들도 생길 수 있습니다. 예를 들어 물을 보드카 병에 담아 마치 보드카를 원샷하는 척 연기를 할 수도 있죠!

자신이 못생겼다고 생각하거나 무리해서라도 인기를 얻고 싶어 하는 청소년들에게 어떤 말을 해줄 수 있을까?

포메로 그런 청소년들에게 비아냥거려서는 안 됩니다. 자신이 못생겼다고 생각하는 청소년들은 나름의 이유가 있다고 생각해야 합니다. 여드름이 심하다든지 객관적인 이유가 있어서 고민인 청소년들이 있다면 진지하게 치료를 받을 수 있게 해주어야 합니다. 객관적인 이유가 없는데 스스로 못생겼다고 생각하는 청소년들이 있다면 외모보다는 잘하는 분야를 강조해줄 수 있습니다. 이런저런 분야에서 얼마나 뛰어난지 알려주고 자랑스럽다고 말해주면서 평범한 외모라고 해도 있는 그대로 살도록 도울 수 있습니다. 스스로 못생겼다고 생각하는 것은 마음이 불안하다는 증거일 때가 많습니다. 그런 청소년들에게 나름의 자리, 할 일, 재능이 있다는 사실을 알려주며 다독여주어야 합니다. 청소년들을 포함해 모든 인간은 사랑을 받으면 아름다워집니다!

인터뷰 정리 장프랑수아 마르미옹

성별과
미추의 이분법

*Le beau sexe
et la laideur*

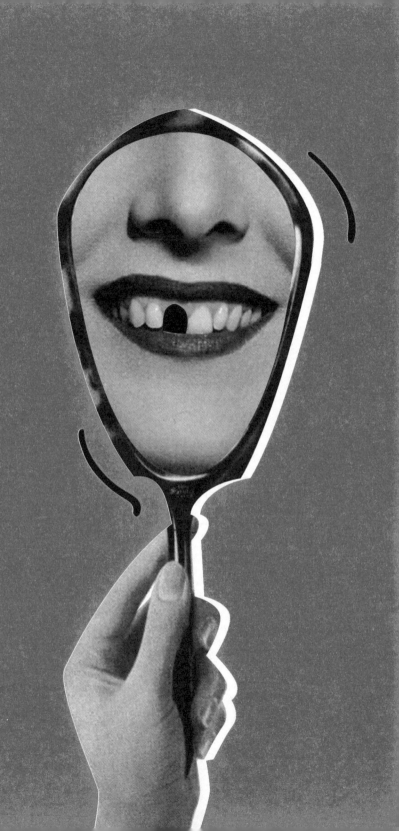

●

클로딘 사가에르 | 예술과 디자인 전공 철학 교수

우리 시대에 추하다는 것은 주로 외모가 불쾌하다는 뜻이다. 추하다는 것을 표현하는 형용사나 명사도 불쾌함을 드러내고 조롱하는 식이다. 그런데 추하다는 것은 원래 유전적인 문제를 가리켰다. 추한 외모는 정신적, 지적, 도덕적으로 결함이 있는 상태라고 여겨졌다. 고대 그리스 시대부터 사람들은 아름다움과 추함이라는 이분법으로 사고해왔다. 신의 자녀, 선함과 진실의 누이라고 의인화된 아름다움은 질서, 조화, 우아함과 연결된다. 아름다움의 불량한 자매는 추함이다. 추함은 악덕, 거짓, 거짓말과 연결되고 무능함, 결핍, 부패를 상징한다. 추함은 헐벗음, 가난, 모자람을 가리킨다. 우울하고 어둡고 음산한 이미지에 뒤틀어진 모양으로 묘사되는 추함은 피로, 질병, 죽음을 상징한다. 그리고 남성의 몸과 여성의 몸은 서로 다르다는 의식이 철학, 문학, 종교, 의학 텍스트를 통해 만들어졌다.

여자라는 추한 존재

플라톤, 아리스토텔레스, 플로티노스는 질료質料, hyle는 추하고 형상形相,

eidos는 아름답다고 봤다. 신이나 남성이 만들어낸 형상은 정신적인 영역에 속한다. 형상은 구조를 지닌 완성된 것이다. 이와 달리 질료는 여성을 상징하며 기다리기만 하는 수동적인 의미를 지닌다. 아리스토텔레스는 『자연학physique』에서 질료를 이렇게 설명했다. "욕망에 불타는 존재가 질료다. 질료는 마치 남성을 욕망하는 여성, 아름다움을 욕망하는 추함과 같다."[41] 플라톤의 존재론 개념은 여성과 남성의 존재를 인정하는 것처럼 보이지만, 여성은 추함을 상징하는 질료로, 남성은 아름다움을 상징하는 형상으로 비유한다.

철학과 의학에서도 남성과 여성의 기질을 나누고 우열을 매겼다. 예를 들어 남성의 주된 기질은 따뜻함과 건조함이다. 그 덕에 남성의 몸은 근육이 생겨 멋지다. 근육이 붙은 아름다운 육체는 다정함과 절제를 상징한다. 반면, 여성의 주된 기질은 차가움과 습함이다. 그래서 여성의 몸은 근육이 없어 물컹하고 건강하지 않으며 추하다. 당연히 여성의 기질은 충동적이고 절제가 없다. 생리적인 관점에서 보면 근육이 적고 뼈가 얇은 여성의 몸은 약하다. 여성의 몸은 연약함을 뜻한다. 매달 하는 생리, 성관계 때 나오는 질액, 출산 때 나오는 분비물, 유방에서 만들어지는 젖 때문에 여성은 습하고 차갑다고 이야기한다. 여성은 병약하고 건강하지 않은 몸을 가졌기에 지적 능력과 미덕을 키울 수 없다는 편견이 생겼다. 이처럼 생리학 관점에서 여성은 지적 수준과 도덕 수준이 낮기 때문에 추한 존재가 된다.

물론 여성의 육체에도 아름다운 부분이 있기는 하지만 고대 그리스 시대부터 겉모습만 아름답다고 해서 아름다운 존재가 되는 것은 아니라는 의식이 싹텄다. 육체적인 아름다움은 지적인 아름다움과 도덕적인 아름다움을 갖추지 못하면 아무것도 아니라는 생각이다. 플라톤의 이상적인 인간상 칼로스 카가토스Kalos Kagathos도 결국에는 이런 의미다. "아름다운 것이 좋은 것이다." 여성이 보여주는 외면의 아름다움은 표면적이고 낮은 수준의 아름다움이다. 신화와 이야기에서도 나오듯이 여성의 외면적 아름다움 속에는 최고의 추함이 숨어 있다. 『신통기』와 헤시오도스의 글에서 판도라는 여성이 얼마나 추한지 드러내는 예시다. 판도라는 여신 같은 얼굴에 순수한 아름다움을 지니고 있으나 속은 추하다.[42] 제우스가 헤르메스에게 판도라를 만들 때 음탕한 정신과 음흉한 품행을 넣으라고 지시했기 때문에 판도라의 마음은 거짓말과 사기로 가득하다. 판도라에게 말은 진실을 이야기하고 감정을 표현하기 위해서가 아니라 거짓말을 하고 감정을 숨기기 위한 도구다.[43] 겉모습은 아름다운데 속마음은 나쁜 판도라는 아름다운 악행과 악덕, 아름다운 추함을 상징한다. 판도라는 남성이 일해 수확한

것을 이용하고 남성이 기른 밀을 자신이 심은 것처럼 속이는 음탕한 여자다. 판도라의 입과 성기는 동물적인 식탐과 성욕을 지닌다.[44] 판도라는 그야말로 머리 없이 배만 존재한다.[45] 판도라의 상자는 해로운 것이 가득 담겨 있는 판도라의 배와 비슷하다. 제우스는 각종 악을 넣은 상자를 판도라에게 건넨다. 판도라가 상자를 열자 각종 악의 존재가 퍼져나가 인간에게 죽음과 같은 고통을 선사한다.

신화부터 교회의 가르침과 세속적인 이야기까지 여성은 육체적, 지적, 도덕적으로

부족한 존재로 그려졌다. 여성은 겉보기에는 아름다워도 몸속은 쓰레기와 더러운 찌꺼기로 가득해서 정신은 추하다. 그야말로 여성은 땅에서 나온 토사물 같은 존재가 된다.[46] 도덕적으로 추한 존재인 여성이야말로 악행을 상징한다. 이런 여성을 향한 비난이 사람들의 생각에 스며들어 여성 차별을 정당화한다.

못생긴 여자는 나쁘고 나쁜 여자는 못생겼다

근대가 되면서 패러다임도 바뀌었다. 부정적으로 인식되던 여성이 긍정적인 이미지도 가지게 된 것이다. 여성성은 아름다운 성을 상징하며 아름답고 유혹적이며 남성을 사랑하는 젊은 여성의 이미지가 된다. 디드로는 『백과사전Encyclopédie』 중 결혼에 관한 글에서 여성은 결혼을 하면 아름다워진다고 썼다. 심지어 "못생긴 여자도 결혼을 하면 정말로 예뻐진다"라고 썼다.[47] 결혼을 하면 부도덕한 여자도 아이를 낳는 여자가 되면서 아름다워진다는 시각이다. 여성의 아름다움은 아내이자 어머니가 될 때 발현된다는 것이다.

따라서 결혼도 않고 아이도 없는 못생긴 여자는 안 좋은 모델이다. 알렉상드르 뒤마Alexandre Dumas는 이에 대해 이렇게 설명했다.

노처녀는 반항적으로 고개를 흔들고 찡그린 얼굴에 씁쓸한 미소나 빈정거리는 미소를 짓고 있다. 친절함을 느낄 수 없는 말투로 중얼거리고 자비심이라고는 없는 생각을 하며 모르는 사람을 보면 부정적인 말과 독설을 한다. 그렇기 때문에 노처녀는 무섭게 느껴지고 못생겨 보인다. 노처녀는 몸매도 안 좋고 걸음걸이도 비뚤다. 노처녀를 가리켜 '유식한 체하는 여자'라고 하는 사람도 있다. 노처녀만큼 멍청하고 따분한 생물도 없다고 말하는 사람도 있다. 한마디로 노처녀는 불쾌한 존재다. 여성이 가치 있는 존재가 되려면 결혼을 하는 것이 좋다.[48]

노처녀는 못난이 취급을 받는다. 못난 여자는 자위행위를 즐기는 여자, 레즈비언, 똑똑한 척하며 주장이 강한 여자와 마찬가지로 비난의 대상이 된다.

스피노자[49]와 뒤르켐[50]도 여자는 남자보다 인지 능력이 떨어진다고 주장했다. 칸트[51]는 깊이 무엇인가를 생각하고 오랫동안 감상하는 여자는 여성미를 잃을 수 있다고 했다. 프루동은 "여자가 남자와 똑같다는 생각은 말도 안 된다"고 거칠게 비난하며 남자와 똑같은 대우를 받으려고 하는 여자는 불쾌하고 못난 존재가 될 것이라고 했다.[52] 프루동의 여성관은 한마디로 '외모나 가꾸고 입은 다물어라'라고 할 수 있다. 실제로 프루동은 페미니스트들은 추하고 해로운 동물로 취급했다.[53]

풍자화가 오노레 도미에Honoré Daumier, 샤를 레앙드르Charles Léandre, 빙과 시글Bing et Sigl은 유식한척 하는 여자들과 사회주의자 여자들은 최악의 아낸감이자 어머닛감이라고 묘사했다. 이들 작품에 등장하는 유식한 척하는 여자들과 사회주의자 여자들은 못생긴 얼굴에 주름살이 자글자글하고 삐쩍 마르거나 뚱뚱한 모습으로 그려진다. 못생긴 여자는 사회적으로 열등한 취급을 받았다. 못생긴 여자가 무례하다는 인상까지 주면 가차 없이 차별을 당했다.

못생긴 여자는 마녀라는 취급을 받기도 했다. 여기에 독립적으로 보이는 여자, 독신인 여자, 과부인 여자, 그리고 자신의 몸에 대해 잘 알고 스스로 통제하려고 하는 여자는 마녀로 몰려 화형을 당하기도 했다. 젊고 예쁘고 아름답기까지 한 여자들도 가부장제의 권위에 도전하는 것처럼 보이면 순종적이고 미덕을 갖춘 이상적인 여성과 비교되며 못난 여자로 취급받았다.

못생긴 여자는 경제력이 없거나 사회적 지위가 미천한 여자와 동일시되었다. 경제적으로 여유 있는 여성은 특별한 매력 없어도 평범한 서민 여성보다 외모를 가꿀 방법이 있었기에 매력적으로 변신할 수 있었다. 하지만 가난한 여성은 삶이 힘들기 때문에 외모를 가꿀 여유와 방법이 없어 외모가 더 떨어졌다. 사회적으로 높은 계급에 있는 여성이 외모를 아름답게 꾸밀 수 있는 것은 서민 여성을 착취했기 때문이다. 중산층 여성만 구불구불한 웨이브 머리를 기르거나 머리를 우아하게 틀어 올리는 등 헤어스타일을 예쁘게 가꿀 수 있었다. 가난한 여성들이 푼돈 좀 벌겠다고 팔아버린 머리카락을 사용했기에 가능한 일이었다. 빅토르 위고Victor Hugo는 『레 미제라블』에서 서민 여성의 잔인한 희생을 비난한다. 소설에서 팡틴은 어린 딸 코제트의 치료비를 마련하고자 머리카락과 치아 두 개를 팔았다. 가난한 여성이 당하는 착취는 여러 문학 작품의 소재가 된다. 에밀 졸라Émile Zola는 단편소설 「가난한 사람들Les Repossoirs」에서 이런 현실을 고발하며 사회적인 인식을 높인다. 소설 속에 나오는 사업가 뒤랑도는 못생긴 여성들을 돈벌이 수단으로 활용한다. 그는 못생긴 젊은 여자들을 모집해 하루 동안 부유한 여성들에게 빌려준다. 못생긴 젊은 여성은 부유한 여성의 팔을 부축해 산책하며 부유한 여성의 미모를 빛내주는 역할을 한다. 에밀 졸라는 소설을 통해 자신의 행동에 아무런 양심의 가책도 없이 돈이면 무엇이든지 살 수 있다고 생각하는 부유한 여성들을 비판한다. "부유한 여자들은 머릿기름이나 장화를 사듯 가난한 여자들을 샀다. 다 쓸모가 있어서다." 소설의 구절이다. 옥타브 미르보Octave Mirbeau는 『어느 하녀의 일기』에서 인기 없는 여자들이 쥐꼬리만한 대가를 받으며 일하는 현실을 비판한다.

그동안 무시나 위협, 고문, 화형을 당하던 여성들은 포기하지 않고 계속 투쟁했다. 그 결과 마침내 여성들은 하나의 몸뚱아리가 아니라 인간으로서 대우를 받는 권리를 얻어냈다.

여전한 이분법과 이중 잣대

20세기가 되어 여성들은 예전과는 다른 사회적 위치를 얻었고 자유와 독립성을 누리게 되었으나 외모 지상주의는 더욱 심해졌다. 추함과의 진짜 전쟁이 시작되었다. 외모가 떨어지는 여성들은 전례 없이 조롱과 차별을 받게 되었다. 못생긴 여자들은 행동을 잘못해서 비난을 받는 것이 아니라 외모 자체로 비난을 받는다. 못생긴 여자는 자기 관리를 할 의지와 능력이 없다는 취급을 받는다. 뿐만 아니라 못생긴 여자는 성격도 안 좋고 생활 능력도 떨어지고 남을 무시할 것이라는 오해를 받는다. '미녀'가 젊고 날씬한 여성을 가리킨다면, '추녀'는 나이 들고 주름살이 자글자글하고 피부가 축 처지거나 뚱뚱한 여성을 가리킨다. 프랑스 소설가 미셸 우엘베크Michel Houellebecq는 못생긴 여성을 이렇게 묘사한다. "아주 뚱뚱한 그 여자는 피부도 안 좋고 작은 눈이 푹 꺼져 있는 부댕(프랑스식 순대) 같다."[54]

하지만 남성은 젊든, 나이가 들었든, 외모가 떨어지든 별로 비난을 받지 않는다. 그러나 젊지도, 아름답지도 않은 여성은 사정이 다르다. 영화, TV, 광고에서 못생긴 여자는 투명인간 취급을 받고 무성無性적으로 그려지면서 존재 자체를 무시받는다. 다른 사람들의 눈으로 봤을 때 못생겼다는 취급을 받는 여자는 자신의 눈으로 봐도 못생기게 보인다.[55] 스코틀랜드 철학가 데이비드 흄David Hume의 생각에서도 이를 읽을 수 있다. "추함의 본질은 고통이다."[56] 추한 외모는 인간의 가치를 떨어뜨리는 무시무시한 도구다. 이를 깨달으면 나도 모르게 세뇌된 획일화된 미의 기준을 부수고 나름대로 미의 기준을 정할 수 있다.

못생긴 여자, 늙은 여자, 트럭을 모는 여자, 불감증 여자, 섹스에 서툰 여자, 히스테리를 부리는 여자, 흠 있는 여자같이 '좋은 여자'라는 시장에서 밀려난 모든 여자들[57]은 남성들과 마찬가지로 못생길 권리를 얻기 위해 투쟁해야 한다.[58] 그러면 언젠가는 사람들이 이렇게 말할 날이 올지도 모른다. "못생긴 여자들을 조심해. 그 여자들은 너무 매력적이니까."[59]

아름답고 건강한
몸에 대한 강박

| 이자벨 크발과의 대담 |

Le corps
moralisé

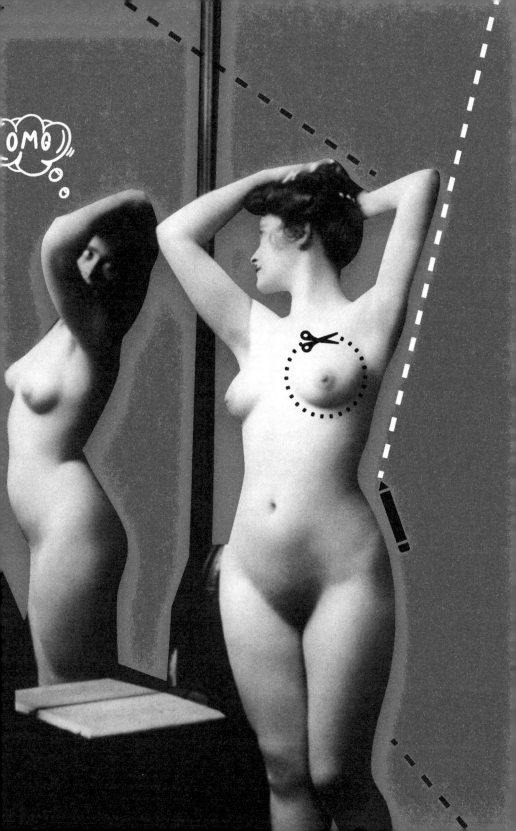

이자벨 크발 | 프랑스 장애아동특수교육 국립연구원 교수, 장애와 교육 및 사회적 접근 연구소 소장

현대의 육체는 어떤 특징이 있다고 보십니까?

크발 현대의 육체는 수리·보수해서 개선할 수 있는 대상이라는 것이 특징입니다. 수십 년 전부터 육체는 바꿀 수 있는 대상이 되었습니다. 그야말로 '열린' 대상이 되었죠. 유전자 게놈도 해독되었습니다. 육체의 '내부'에 대한 조사도 이루어져 수리와 교체가 가능해졌습니다. 장기이식도 할 수 있고 외과적인 수술이 가능합니다. 몸을 꾸미는 것으로 끝나지 않고 고치고 다듬고 변형시키고 있습니다. 몸이 생산 소재가 된 것이죠. 몸은 만들고 환상을 주는 대상입니다. 몸을 인공적으로 고치면서 병과 죽음에서 멀어지려고 하죠. 더 이상 플라톤이 말한 사라져 가는 육체, 무덤 속으로 들어가는 육체가 아닙니다. 오늘날 육체는 자연과 우연에서 해방되어 원하는 만큼 만드는 합리적인 것이 되었습니다. 장수가 당연해졌습니다. 이제 육체는 투자 대상이자 자본입니다. 이렇게 보면 한 가지 생각이 중요해지죠. 개인의 태도(건강한 식생활, 흡연 여부 등)에 따라 보상을 받거나 대가를 치르죠. 즉, 제대로 늙거나 그러지 못하게 됩니다. 몸을 중심으로 일종의 '최후의 심판'이 일어나면서 새로운 기독교적인 죄책감을

자극합니다. 나이가 들었어도 얼마나 건강하고 아름다운지 개인의 노력 여부를 판단하는 것이지요.

아름답고 건강한 몸 만들기는 어떻게 이루어집니까?

크발 현대사회에서는 젊고 멋진 외모를 갖추고 병에 잘 안 걸리고 건강한 몸을 유지하는 것은 개인의 능력이라고 생각합니다. 멋지고 건강한 몸을 유지하는 일은 세 가지 원칙으로 이루어집니다. 건강한 식생활, 자기 관리, 운동이죠. 저는 이 세 가지 원칙을 가리켜 의학과 운동의 패러다임이라 부릅니다. 언론을 통해 의학의 메시지가 전해지는 것을 보면 건강이 얼마나 중시되는지 알 수 있습니다. 의사는 새로운 도덕주의자가 되었고 '건전한 삶'이 무엇인지 결정합니다. '몸을 움직이세요', '매일 다섯 종류의 과일과 채소를 섭취하세요' 등 건강을 챙기라는 교훈적인 메시지가 파다합니다. 정부가 건강과 운동을 강조해야 한다고 봐서입니다. 그 결과 이런 건강 관련 메시지가 집단적인 규칙에서 개인 맞춤 조언이 됩니다. 수동적으로 관리를 받지 말고 적극적으로 자기 관리를 하라는 것이죠. 즉, 장기적으로 건강은 개인이 책임지라는 것입니다.

자기 발전과 창의성을 중시하는 사회에서 표준 몸무게는 어떻게 이해해야 하죠? 유행, 아니면 미의 기준?

크발 옷과 화장품 등 외모를 가꾸기 위한 제품들이 쏟아지는 가운데 개개인은 자유롭게 자신의 모습을 만들어가고 선택한다고 생각합니

다. 그런데 역설적으로 보이지 않는 사회 압력이 만만치 않아 정작 자유롭게 선택할 수 없습니다. 사회적으로 바람직한 모습을 보여야 하니까요. 날씬하고 건강한 몸, 깨끗한 피부, 탄력 있는 몸매가 사람들에게 칭찬을 듣고 사회적으로 좋은 평가를 받는다는 것을 아는 것입니다. 개성과 기준이 서로 연결되며 죄책감이라는 개념이 만들어집니다. 개인은 몸 관리에 실패하거나 병이 들거나 아름다운 모습을 보이지 못할 때 죄책감을 느낍니다. 장폴 사르트르Jean-Paul Sartre는 자유로운 선택에는 책임이 따르고 그로 인해 죄책감이 생긴다고 하지요. 죄책감이 있기에 개인은 사회적으로 통용되는 기준에 따라 자신의 모습을 만듭니다.

현대사회와 육체의 관계 속에는 소외 같은 것이 존재하나요?

크발 의학의 발전은 긍정적으로 볼 수 있습니다. 분명 삶의 질이 높아졌죠. 새로운 의학 기술로 큰 고통 없이 오래 살게 되었습니다. 그 덕에 자유를 더 많이 누릴 수 있게 되었습니다. 그러나 동시에 젊고 아름다워야 한다는 생각으로 운동하고 끊임없이 다이어트 하고 성형수술 하는 등 괴로운 점도 생겼습니다. 공사에 공사를 거듭한 육체는 완벽해 보이지만 그걸 유지하는 데는 엄청난 노력이 들어갑니다. 노력은 중독성을 띠게 되지요. 개인주의는 쾌락주의가 아님에도 현대사회에서 이 둘은 서로 연결되어 개인을 압박합니다. 인생은 즐기는 것이며 즐거운 삶을 위해 개인이 최선을 다해야 한다는 것이지요. 삶을 즐기지 못하는 건 그 사람의 잘못이고요. 이런 사회에서는 젊고 아름다워지기 위한 노력을 그만두는 순간 소외감을 느끼게 됩니다. 우리는 삶을 즐겨야 한다는, 행복을 누리고 성공적으로 살아야 한다는 강박관념에 시달립니다. 그 결과 우리는 너무 많은 선택지, 모순적인 규칙, 정체성 고민 사이에서 불행해집니다.

인터뷰 정리 플로랑스 모토

아름답지 않아도
사랑할 수 있을까

Peut-on aimer
en dehors de la beauté?

뤼보미르 라미 | 파리대학교 사회심리학 교수

"예쁜 여자에게서 해방되고 싶다면
예쁜 여자와 결혼해봐야 한다."

샤샤 기트리, 『그녀와 너』(1946)

요즘은 페미니즘 운동이 활발해지면서 여성들이 받는 억압, 외모로 평가받는 현실, 온라인에서 보정된 완벽한 외모를 뽐내는 연예인과 자신을 비교하며 괴로워하는 여성들의 현실이 비판을 받고 있다. 이런 시대에 아름다움은 피상적인 기준처럼 보인다. 여성이 외모로만 주목을 받게 되면 재능과 능력은 묻히게 되면서 자존감에 문제가 생긴다.

특히 연애에서 아름다움은 무엇보다 중요한 요소다. 사랑하는 사람에게만 아름답게 보이면 되지 않을까? 이에 대해 진화심리학이 대답을 내놓는다. 진화심리학에 따르면 여성의 아름다움 기준은 건강 및 출산 능력과 밀접하게 관계되어 있다.

왜 사랑하는지 모르는 인간

우리가 무의식적으로 생각하는 완벽한 아름다움에는 기준이 있는 것 같다. 최근에 이루어진 한 실험에서는 같은 인물의 사진 두 장을 비교했다. 흐릿하게 나온 사진과 또렷하게 나온 사진을 비교해 어느 것이 더 매력적인지 알아본 것이다.[60] 그 결과 흐릿하게 나온 사진에서 인물이 더 매력적으로 보였다. 또렷하게 나온 사진은 피부와 얼굴의 결점이 두드러지게 나타나기 때문이다(예를 들어 주름살). 반면, 얼굴이 흐릿하게 나온 사진은 상상의 여지가 있어서 우리가 지금까지 만난 모든 얼굴을 본능적으로 비교하며 완벽한 얼굴을 생각한다.

얼굴이든 몸매든 아름답다고 여겨지는 객관적인 기준이 나름 있다. 그중 하나가 균형이다. 여성은 젊어 보이고, 나아가 어려 보이고(큰 눈), 표정이 풍부해야(시원한 미소, 무엇인가를 말하려는 눈) 아름답다는 평가를 받는다. 몸매에 관해서는 허리둘레와 엉덩이둘레 비율WHR이 0.7에 가까워야 아름답다는 평가를 받는다.

미의 기준은 아무렇게나 정해지는 것이 아니다. 미의 기준은 건강, 성장 시기의 좋은 면역력 상태, 우수한 유전자와 관련이 있다. WHR을 보면 비율이 높을수록(1에 가까울수록) 고혈압, 심혈관 질환, 당뇨병, 유방암, 심지어 조기 사망 위험이 높아질 수 있다.[61] 진화론 지지자들은 이러한 사실을 바탕으로 여성의 아름다움을 결정하는 기준이 진화 과정에서 정해졌다고 설명한다. WHR이 높고 이목구비의 균형이 맞지 않는 여성들은 유전적으로 자식 생산에 불리하다는 것을 남성들이 진화 과정에서 터득했다고 설명한다. 그래서 이런 여성들에게 끌리는 남성은 점점 없어졌다. 이후 살아남을 확률이 높은 아이를 낳을 수 있는 외모의 여성들에게 끌리는 남성들만 남게 된다.

　그래도 미의 기준은 시대의 유행을 따르기 때문에 사회·문화 모델의 역할을 한다. 루벤스의 그림에 나오는 풍만한 여성들은 당대에 인기가 있었으나 요즘은 거식증에 걸린 듯 마른 여성들이 미인이다.

아름다운 여성은 부유한 남성을 선택한다

전통적으로 결혼은 여성의 미모와 남성의 힘, 에너지, 지배력이 결합하는 것이다. 외적인 아름다움은 남성보다 여성에게 중요하다. 사회심리학 분야에서 이루어진 다양한 실험에 따르면 여성의 미모는 남성의 사회적 지위와 같은 역할을 한다. 결혼 시장에서 일반적으로 인기 있는 기준이 있는 것이다. 사회적으로 환영받는 특징이 있으며 서로 보완관계의 특징이 있기도 하다. 외모가 출중하고, 직업이 번지르르하고, 성격이 다정하고, 지적이고, 예술에 재능이 있으면 매력적인 상대로 보일 가능성이 커진다. 한 사람이 이 모든 장점을 다 지니기는 힘들기 때문에 결혼 상대를 고를 때 어느 정도 합의가 이루어진다. '뛰어난 남자는 아니지만 적어도 내가 하고 싶은 대로 하게 해주고 내가 원하는 것을 해줘(의존하고 힘을 빌리려는 마음)', '절대로 미스 유니버스에 뽑힐 일은 없는 외모지만 막대한 재산을 물려받았어(차마 입으로 내뱉을 수 없는 이유)'. 관계를 안정시키는 기본 규칙은 동등한 주고받기다. 한쪽이 일방적으로 더 많이 주면 공평함이 깨져서 불편해진다. 그 결과 외모가 떨어지는 쪽이 사랑을 더 베푸는 방향으로 재조정이 이루어진다.

　실제로 매우 아름다운 여성과 결혼한 남성은 성격이 좋고 능력이 있다는 인상을 준다고 밝혀졌다. 성격 좋고 다정하고 자신감 있는 이미지로 비칠 뿐만 아니라 직업도 번듯할 것으로 여겨진다. 온라인 만남 사이트에서 여성은 아름다울수록 연락을 많이 받는다면, 남성은 소득이 높을수록 연락을 많이 받는다. 뿐만 아니라 배우잣감으로 이상형은 어떤 사람이냐는 질문을 들으면 남성들은 여성의 외모를 많이 따졌으나 여성들은 남성들의 직업을 많이 따졌다.

이상형을 꿈꾸는 것은 자유

이처럼 통계적으로 보면 오랫동안 미녀는 부자와 결혼했다고 할 수 있다. 하지만 이 결과는 단순한 논리로 바라봐서는 안 된다.[62] 사실, 미녀들이 부자 남성들과 결혼하는 이유는 따로 있다. 통계적으로 부유한 남성들은 잘생긴 편이기 때문이다. 그리고 외모가 매력적인 남녀는 서로 가까워지는 경향이 있다. 남녀 관계없이 출중한 외모는 늘 더 좋은 평가를 받는다. 외모가 뛰어난 사람일수록 마음이 따뜻하고, 사교적이고, 겸손하고, 감성적이고, 안정적이며, 자신감 있고, 달변가일 것이라는 기대를 받는다. 그리고 외모가 뛰어난 사람일수록 친구가 많고, 직업이 근사하고, 성공적인 인생을 살고 있으며, 행복한 결혼 생활을 할 것이라는 기대를 받는다. 외모가 좋은 사람은 유리한 점이 한두 가지가 아니다. 자발적으로 돕는 사람들이 있고, 학교에서도 관심을 받고, 공부를 잘할 것이라는 기대를 받으며, 좋은 점수를 받는다. 얼굴이 예쁘고 젊은 여성들은 일자리를 쉽게 얻는다. 반대로 못생긴 사람들은 차가운 시선을 받는 편이다.

외모가 좋은 사람들은 다른 대우를 받는다. 즉, 주변에서 장점이 많을 것이라고 봐주고 잘 믿어주기에 미래도 밝다. 그 결과 외모가 뛰어난 사람들은 사회적으로도 비교적 수월하게 성공한다. 잘생긴 사람들은 주변 사람들이 잘 믿어주지만 못생긴 사람들은 믿음을 얻기 위해 증명하느라 애써야 한다. 예쁜 여자일수록 잘생긴 남자와 결혼하고 잘생긴 남자일수록 사회 피라미드에서 높은 자리를 차지할 가능성이 큰 것이 현실이다. 씁쓸하지만 여성의 미모가 남성의 물질적인 성공과 교환될 수 있다는 일반적인 믿음은 현실에서도 여러 곳에서 확인된다. 하지만 이 통계적 법칙이 꼭 들어맞는다고 할 수는 없다. 통계적으로 멋진 외모가 중요할 때가 많지만 관계가 깊어질수록 멋진 외모가 관계에 차지하는 영향력은 점차 낮아진다.

뛰어난 외모만으로는 안 된다

외모가 뛰어나 끌렸으나 말투가 저급하거나 의도가 불순해 크게 실망한 적이 있지 않은가? 남성이나 여성이나 얼굴이 잘생긴 사람을 만나고 싶어 한다. 하지만 실제로 만나는 경우에는 동화나 TV와는 다른 결과가 나타난다. 현실은 이론과도 다르고 사회심리학의 대다수 실험에서 사용된 사진 선택 기준과도 다르다. 예를 들어, 처음 만나는 순간 잠깐 본 상대방과 다시 만나고 싶은지 아닌지는 이론상의 선택 기준과는 그리 들어맞지 않는다. 부자 남성이 반드시 아름다운 여성을 선택하지 않을 수도 있고 미녀가 사회적으로 성공한 남성을 선택하지 않을 수도 있다는 뜻이다. 더구나 남녀 모두 실제 상황에서는 상대방에 끌리는 기준이 무엇인지 잘 모를 수 있다. 감정이 작용하기 때문에 냉정하고 합리적인 선택에 차질이 빚어질 수 있어서다. 실제로 만나 눈빛, 미소 말투에 끌리면서 이상적인 상대에 대한 기준이 흔들리기도 한다.

그리고 우리는 상상 속에서 나보다 외모가 뛰어난 상대를 꿈꾼다. 하지만 막상 실제 상황에서 우리는 비슷한 수준의 외모를 지닌 상대방을 선택한다. 연구자들은 연애 문제와 관련된 상황 속에서 대학생들이 말로 들려준 이상형의 기준과 실제로 호감을 보이는 상대가 다르다는 점에 주목했다.[63] 이 실험에서 아직 짝이 없는 남학생들은 '일상생활, 그리고 현재 남학생들의 관심사' 연구에 참여한다고만 생각했다. 이 남학생들은 짝이 없다고 한 여학생들과 한 사람씩 5분간 대화를 나눠달라는 부탁을 받았다. 이들은 좋아하는 영화와 데이트 스타일에 대해 이야기를 나누었다. 대화 과정은 촬영되었다. 이성끼리 있는 상황에서 남학생들은 실제로 행동이 따뜻하고 자신의 말에 관심을 가져주고 긍정적인 모습을 보여주는 상대방에게 끌렸다. 의외로 남학생들은 가장 예쁜 여학생이 아니라 자신과 외모 수준이 비슷한 여학생에게 끌렸다. 하지만 첫눈에 상대방에게 끌려 하는 것은 남성에게만 해당된다. 여학생들은 처음 만난 남학생들에게 이성적인 호감을 표시하지 않았고 좀 더 신중했다.

사랑받는 사람들은 전부 외모가 잘났다

커플 생활의 기본 규칙 중 하나는 배우자를 긍정적으로 바라보는 눈이다. 행복하고 안정된 커플일수록 서로의 단점이 아니라 장점을 바라본다. 배우자를 긍정적이고 아름답게 생각하면 상대방을 귀하게 생각해 관계가 잘 유지된다. 사이가 좋은 남녀는 배우자의 외모를 매우 긍정적으로 생각한다. 배우자의 외모를 실제보다 긍정적으로 보고 제3자가 보는 것보다 긍정적으로 보는 것이다. 그리고 정작 제3자는 두 사람의 외모를 비슷하게 보는데도 자신이 배우자보다 외모가 떨어진다고 생각하는 커플이 행복하고 관계가 안정되었다. 행복하고 안정된 커플은 하나같이 상대방을 과대평가하고 자신을 과소평가한다. 상대방이 자신을 잘생기거나 예쁘다고 봐주면 심적으로 안정이 되어 관계가 돈독해진다. 반대로 상대방이 자신을 근사하게 봐주지 않을까 전전하는 커플일수록 상대방이 다른 사람에게 눈길을 줄까 봐 불안해한다.

배우자를 이상적으로 봐주는 사람일수록 애정이 크다. 이런 경우는 외모가 근사한 사람이 나타나도 쉽게 넘어가지 않는다. 외모가 최고로 멋진 사람이라고 특별히 사랑을 더 받는 것도, 사랑을 더 주는 것도 아니다. 외모가 잘나서 사랑을 받는다고 생각하는 것은 머릿속에서 이루어지는 상상이다. 물론 아름다운 여성일수록 눈길을 사로잡고 대시도 많이 받는다. 잘생긴 남성일수록 주변에 여성이 많다. 하지만 결혼을 하면 시간이 지날수록 첫눈에 끌린 외모 뒤에 숨은 부분까지 알게 된다. 아무리 외모가 뛰어나도 내면에 장점이 없다면 그 자체로 오래 사랑받지는 못한다. 내면의 장점은 만난 지 얼마 안 되었을 때는 잘 보이지 않는 부분이다.

외모가 괜찮아 사랑을 받을 것이라는 환상은 시간이 지나면서 옅어진다. 반대로 상대방을 근사하다고 생각할수록 부부 관계가 안정되고 행복하다.[64] 나이가 들면 외모는 시들게 마련이다. 그래도 부부는 상대방의 외모를 긍정적으로 보려고 한다. 실제 눈이 보려고 하지 않는 점을 마음의 눈이 점차 보게 되는 것일지도 모른다. 그리고 의심할 여지 없이, 아무도 볼 수 없는 아름다움을 발견하고 계속 봐주려면 많은 사랑이 필요하다.

외모와
직업

Beauté, laideur
et vie professionnelle

장프랑수아 아마디 외 | 사회학 박사, 경영학 부교수, 파리 제1대학교 경영대학원 교수, 차별감시 기구 대표

외모가 직업에 미치는 영향은 크다. 이를 여전히 자연스럽고 바람직한 현상으로 보는 시각이 있다. 고용주 입장에서는 얼굴이 못생기고 몸매가 떨어지는 여성보다는 얼굴이 예쁘고 몸매가 좋은 여성을 리셉셔니스트로 채용하는 게 더 자연스러운 반응이 아닐까? 프랑스 법에서 아무리 외모를 채용의 기준으로 삼는 것을 금지한다고 해도 말이다. 외모가 근사하면 대우를 받고 외모가 떨어지면 배제되는 것이 사회에서 은연중에 받아들여지고 정당화된다. 채용이나 커리어에서 외모 차별은 세계 협약(국제노동기구, 유럽)에서 금지하고 있다. 2001년부터 프랑스도 벨기에와 함께 외모로 차별하는 것을 금지하고 있다. 따라서 잘생긴 외모든 못생긴 외모든 법적으로 모두 보호를 받는다. 그러나 이 법안은 원래 이민자 출신의 외모 차별을 금지하기 위한 취지였다. 미국에서는 키와 몸무게를 차별 대상으로 삼지 않는 법안을 채택한 주가 몇 곳밖에 되지 않는다. 유럽에서는 최근에야 비만을 차별 대상으로 삼지 않게 되었다(비만은 장애로 분류되기 때문이다). 하지만 프랑스인 절반은 여전히 몸무게나 외모를 이유로 지원자를 채용하지 않을 수도 있다고 생각한다(권리 보호 앙케트, 2016년부터). 프랑스인 60퍼센트는 화장도 채용을 거절할 수 있는 이유가 된다고 생각한다. 프랑스인 40퍼센트는 키 때문에 채용

을 거절할 수 있다고 생각한다. 남성이 여성보다 외모 차별이 심하다. 실제로 얼굴, 옷차림, 화장, 보석 착용, 키로 평가받는 쪽은 주로 여성이다. 그런데도 외모가 일자리에 미치는 영향에 관한 정부의 조사와 연구가 오랫동안 거의 없었다. 분명히 외모는 채용과 커리어에 영향을 크게 미치는 변수다.

외모로 인한 일자리 불평등

프랑스에서 구직자가 주로 당하는 차별 두 가지는 나이와 외모다(권리보호 앙케트, IFOP, 2015년). 실제로 일자리를 찾을 때 나이가 많으면 불리한 것이 사실이다! 2008년 이후로 50세 이상의 구직자는 수가 많이 늘어난 반면 젊은 세대의 구직자 수는 줄어들었다. 그 이유 중 하나가 은연중에 외모를 젊음과 연결하기 때문이다. 따라서 고객을 끌어야 하는 서비스직(특히 판매직, 서빙, 리셉션)에서는 젊은 사람을 선호한다.

그리고 서비스직에서는 과체중이나 비만인 구직자보다 날씬한 구직자가 환영받는다. 이러한 경향은 보편적이라고 할 수 있다. 리셉셔니스트를 뽑는 자리가 났을 때 이력서에 큰 차이가 없다면 날씬한 젊은 여성이 긍정적인 답변을 받을 확률이 나이 든 여성보다 4배 이상, 과체중 여성보다 6배나 높은 것으로 나타났다. 많은 직원들이 보기에 외모는 고객을 상대하는 직업군 채용에 결정적인 요소다(2018년 프랑스 여론조사 협회Sofres와 프랑스 산업 연맹Modef의 앙케트에서 43퍼센트 직원이 이렇게 대답했다). 실제로 구인자 중 60퍼센트는 고객을 대하는 직군에서 외모 경쟁력은 필수라고 밝혔다. 하지만 외모의 경쟁력이 단지 서비스직에만 해당되는 것이 아니라는 조사 결과도 나왔다. 고객 서비스와 직접적으로 관련 없는 기업의 구인자 중 40퍼센트는 지원자들의 외모를 매우 중시한다고 답했다. 그리고 프랑스인 81퍼센트는 '외모 경쟁력이 떨어지는 사람은 채용될 확률이 없다'고 답하기까지 했다(Sofres, 2003년).

왜 많은 구인자들이 이처럼 외모를 중시할까? 단순히 매장의 고객이나 박람회 방문객이 섹시한 직원의 매력에 끌려서가 아니다. 이보다는 크게 두 가지 이유가 있다. 첫째, 외모가 뛰어난 지원자는 장점이 많아 보여서다. 둘째, 구인자가 외모가 뛰어난 지원자에게 끌리기 때문이다.

외모 경쟁력이 있는 지원자들의 특징

우선, 우리는 무의식중에 외모가 뛰어난 사람은 장점이 많다고 생각하고, 반대로 외모가 별 볼 일 없는 사람은 단점이 많을 것이라고 생각한다. 이것이 외모의 힘이다. 외모를 둘러싼 고정관념은 과학적으로도 잘 알려져 있다. 하지만 구인자는 외모를 기준으로 채용을 결정하는 것이 위험할 수 있다는 것을 잘 인지하지 못한다. 이력서의 사진, SNS 프로필 사진, 혹은 면접에서 외모가 준수한 사람을 보면 자연스럽게 장점이 많을 것이라고 생각하게 된다. 외모가 뛰어난 사람을 보면 저절로 '사교적이고 지적이고 부지런하고 유쾌하고 창의적이고 성공한 삶을 살고 행복하고 서글서글하고 유머 감각이 있고 감정적으로 안정되어 있으며 책임감 있고 정직하다'는 이미지를 가지게 된다. 만일 얼굴 피부가 깨끗하지 않으면(점, 뾰루지) 지원자는 수줍고 자신감이 없고 건강이 안 좋고 성취한 것이 별로 없고 행복하지 않으며 주목을 잘 받지 못한다는 인상을 준다. 또 다른 예가 있다. 치아가 하얗고 가지런한 지원자는 남녀 불문하고 치아 상태가 별로인 지원자에 비해 지적일 것이라는 인상을 줄 확률이 2배가 넘는다. 뿐만 아니라 화장한 여성이 매력적이고(이미 알고 있는 사실) 유쾌하고 능력 있어 보인다는 조사 결과도 있다. 또한 외모가 좋은 사람은 건강하다는 인상을 준다. 채용 때도 외모가 준수한 사람이 건강할 것이라는 인상을 줄 때가 많다(여성은 잘생긴 남성을 건강하다고 보며 키가 큰 남성을 매력적이라고 생각한다). 키가 작고 약한 남성이나 비만인 여성이 사랑받지 못하는 이유다.

미모는 사회적으로 부러운 위치에 있는 사람들의 전유물이다. 통계를 살펴봐도 임원과 경영진이 노동자보다 키가 크고 외모를 꾸준히 가꾸었으며 비만은 거의 없다. 동화를 봐도 왕자는 잘생기고 공주는 아름다운데 하인은 평범하거나 못생겼다. 우리 모두 이런 동화에 은연중에 영향을 받아 외모가 뛰어난 사람은 사회적 지위가 높을 것이라고 생각하게 된다. 따라서 리더십 있는 남성이 외모가 준수하고 키가 클 것이라고 생각하는 일은 놀랍지 않다.

사내 연애와 로맨스

상황이 이렇다 보니 구인자도 지원자의 외모를 보지 않을 수가 없다. 외모가 뛰어나면 장점도 많을 것이라는 생각을 해보지 않은 구인자조차도 지원자의 외모에 영향을 받는 편이다. 더구나 구인자, 매니저, 사장도 인간이기에 지원자의 외모에 무심할 수가 없다! 구인자들은 면접은 만남이기 때문에 주관적인 느낌이 중요하고 첫인상이 좋아야 한다는 말을 자주 한다. 그러다 보니 당연히 외모가 뛰어날수록 탐나는 인재가 될 확률이 높고, 외모가 떨어질수록 채용에서 떨어질 확률이 높다. 구인자는 지원자를 동료나 팀원으로 두고 싶은 사람이냐를 중요한 기준으로 삼는다. 만일 외모가 뛰어난 사람에게 끌린다면 곁에 두고 싶거나 우정이나 사랑 관계로 발전하고 싶다는 뜻이다. 직장에서의 인간관계도 우정이나 사랑으로 발전할 수 있다. 사내 연애 경험이 있는 직장인의 비율을 살펴보면 프랑스는 약 3분의 1(Opinionway, 2011년), 미국은 40퍼센트로 나왔다. 면접에서 성적인 매력은 어느 정도 중요한 역할을 한다. 사람을 뽑는 입장에 있을 때 남성 75퍼센트, 여성 48퍼센트가 지원자의 외모가 마음에 들어야 한다고 대답했다. 그리고 남성 64퍼센트, 여성 30퍼센트가 이성인 지원자에게 성적으로 호감이 가야 끌린다고 답했다(Apa.fr 앙케트, 2016년).

따라서 일자리를 구할 때 외모가 강점이 된다. 여기서 외모란 얼굴일 수도 있고, 키일 수도 있고(키 작은 남성은 환영받지 못한다), 몸매가 될 수도 있다(여성의 몸무게는 엄격하게 평가된다). 그런데 외모의 힘이 이력서를 보내거나 면접을 볼 때만 발휘하는 것은 아니다.

커리어와 연봉

프랑스 남성 50퍼센트는 일을 할 때 외모가 영향을 끼친다고 생각한다. 프랑스 여성 25퍼센트는 '매력 없는 여성은 성공할 수 없을 것'이라고 대답한다(Sofres, 2003년). 이렇게 봤을 때 커리어는 실제로 외모에 따라 정해지는 부분도 있다. 프랑스에서 키가 작고 외모가 떨어지며 이성에게 매력적이지 않은 남성들이 전반적으로 연봉이 적다. 이는 학력과 관계가 없다(더구나 외모가 떨어지는 남성은 가방끈도 짧은 경우가 많다). 많은 나라에서 키가 큰 남성이 연봉이 더 높다. 여성은 과체중일 때 일자리를 찾기가 힘들고 수입이 적다. 프랑스에서는 가난한 사람들 사이에서 비만이 늘고 있다. 외모가 출중한 사람들은 그렇지 않은 사람들에 비해 봉급이 많다. 미국의 노동경제학자 데이비드 해머메시David Hamermesh는 잘생기거나 예쁜 사람이 못생긴 사람보다 월급이 17퍼센트나 높은데, 이는 2년의 학력 차이에서 생기는 봉급 차이와 같다. 외모가 뛰어나면 돈을 더 버는 일은 여러 나라(영국, 스페인, 중국, 호주, 캐나다, 한국 등)에서 관찰된다. 뿐만 아니라 여성을 섹시하게 만들어주는 모든 것이 평균적으로 봉급에 영향을 준다. 그 요소는 화장, 하이힐, 가슴 크기, 금발 등이다. 미모나 매력 자본이 실제로 돈을 부른다. 가슴이 풍만하고 붉은색 옷을 입은 웨이트리스가 팁을 더 많이 받는다. 미모의 여성 변호사가 수입이 더 높다. 영미권 법률사무소에서는 여성 변호사의 하이힐 높이를 7센티미터로 제한하고 있다.

실직

외모는 일상적인 직업 생활에서 큰 역할을 한다. 성과에 대한 평가는 완전히 객관적일 수 없다. 면접 때와 마찬가지로 주관적이다. 외모가 뛰어나느냐 떨어지느냐에 따라 성과 평가가 달라지는 것이다. 외모가 뛰어난 사람들은 후광 효과에 따라 장점이 많아 보인다. 이력서에 적힌 실제 내용과 관계없이 채용 때도 외모가 뛰어난 사람들이 잠재 능력이 있는 것처럼 보이는 논리다. 예를 들어 대학생들은 교수 평가를 할 때(교수 평가는 여러 나라에서 두루 하는 편이고 프랑스에서는 일반화되어 있다) 외모가 뛰어난 교수에게 점수를 더 잘 주는 편이다. 교수가 여성이면 더 그렇다. 마찬가지로 젊은 교수가 45세 이상의 교수보다 학생들에게 평가를 더 잘 받는다. 외모가 중시되지 않을 정도로 실력이 뛰어나거나 학생들에게 점수를 후하게 주는 교수가 아니라면 말이다! 나이 들고 외모가 떨어지는 교수는 이런 평가 방식 때문에 미래를 불안해한다. 하지만 교수들만 이런 것이 아니다. 프랑스에서 회사를 다니는 직원들도 나이 들고 살찌는 것을 걱정한다. 직장에서 차별을 받을 수 있는 요소는 나이가 먼저이고, 그다음이 외모다(Sofres-Medef, 2019년). 일에서 배제되거나 일자리를 잃을까봐 나이와 외모를 걱정하는 것이다. 더구나 외모 때문에 괴롭힘과 놀림을 당하는 사람들은 직장 생활이 쉽지만은 않다(외모가 차별의 1순위다). 외모가 매력적인 사람들은 이 문제와 관계없다고 생각할지 모르겠으나 그렇지 않다. 외모가 매력적인 사람들은 직장에서 성희롱을 당하곤 한다. 여성 중 60퍼센트는 이미 거절 의사를 밝혔어도 지속적으로 스토킹을 당한 적이 있고, 이 중 12퍼센트는 사내에서 위협적인 스토킹을 당했다. 외모가 뛰어나면 직장 생활에서 득을 볼 때가 많지만 커리어에 방해를 받거나(외모가 뛰어나면 머리가 비었을 것이라는 편견도 있기 때문에) 동료나 상사와의 관계가 곤란해지기도 한다(질투, 괴롭힘).

외모를 중시하는 전통과 인터넷

외모가 중요한 이유는 사회가 늘 겉모습에 신경 쓰기 때문이다. 프랑스에서는 직원을 채용할 때 사진이 부착된 이력서를 요구한다(특히 임원의 경우). 이는 미국, 캐나다, 호주, 영국과 같은 나라에서는 없는 일이다. 프랑스의 구인자들은 지원자의 나이와 그 외 정보에도 관심이 많다. 그런데 인터넷과 SNS로 인해 채용 관행에 어떤 변화가 생겼을까? 분명, 외모의 영향력이 더욱 강해졌다. 사람들은 페이스북뿐만 아니라 링크드인과 비아데오 같은 커리어 관리 SNS에 사진과 영상을 올린다. 고용센터에 등록한 사람 중 커리어 관리 SNS를 통해 일자리를 찾은 비율은 2016년에 2퍼센트에 불과했고 임원의 경우는 8퍼센트에 불과했다. 하지만 구인자들은 지원자와 직원들의 정보를 얻기 위해 검색엔진을 점점 더 많이 사용하고 있다. 인터넷에서 수집되는 이미지는 직장 생활에 영향을 준다. 클릭만 하면 지원자들의 사진만 볼 수 있는 것이 아니라 지원자들의 인간관계도 알 수 있다. 구인자는 지원자의 이름만 검색하면 이력서를 보지 않고도 많은 정보를 얻는다. 더 걱정되는 것이 있다. 이제는 알고리즘을 통해 지원자들이 등록한 영상 속 얼굴을 자동 분석한다. 지원자들의 제스처, 얼굴 형태, 표정을 분석해 지적 능력, 혹은 스트레스에 견디는 능력 같은 것을 알 수 있다. 요즘은 기존의 이력서 대신 영상 이력서나 화상 면접이 점점 증가하는 추세다. 이렇게 보면 채용에서 외모가 차지하는 비중은 더 커질 것이다.[65]

외모로
차별받지 않을 권리

BEAUTÉ ET LAIDEUR.
APPROCHE EN DROIT DE LA
NON-DISCRIMINATION

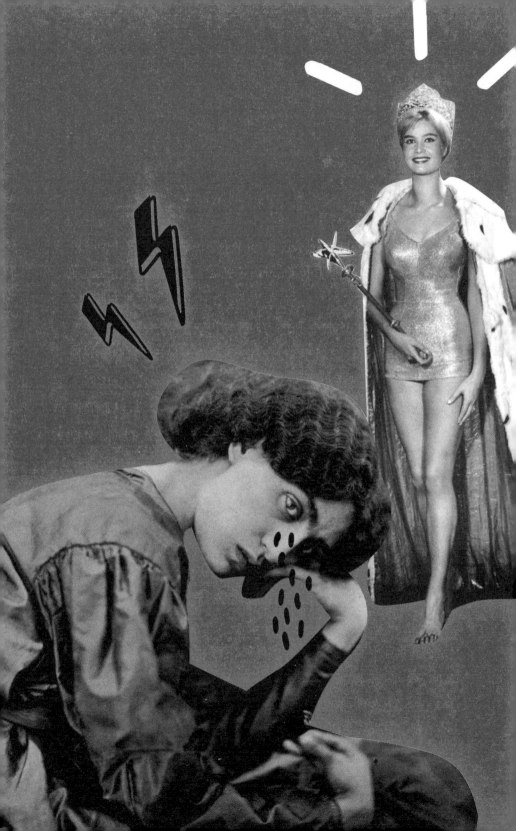

지미 샤로 | 공공법학 박사, 앵거스대학교 연구교수

외모의 문제는 정확성이 요구되는 법 분야에 몇 가지 곤란함을 안겨준다. 행동은 이성으로만 파악하기 힘든 부분이지만 행동을 법적으로 분석해 이해하는 과정에서 사람의 외모에 무의식적으로 영향을 받을 수 있기 때문이다. 실제로 여러 연구에 따르면 외모가 뛰어난 사람은 사교적이거나 지적이거나 능력이 있거나 야심만만할 것이라는 인상을 주며 은연중에 좋은 이미지로 비친다는 사실이 밝혀졌다. 실제로 외모가 뛰어난 직원이 외모가 평범한 직원보다 연봉이 더 높은 편이다. 더 놀라운 일은, 재판에서 못생긴 사람은 더 엄한 유죄 판결을 받고 외모가 뛰어난 사람은 더 보호를 받는다는 것이다.

　무의식적으로 플라톤의 이상을 따른다고 할 수 있다. 아름다우면 진실되고 좋다는 논리다. 헤겔은 이런 글을 썼다. "아름다움과 진실은 하나다."(『백과사전』, 1832년) 이렇다 보니 외모를 중시하는 사회적인 통념에 제동을 거는 법적 기준이 마련되었다. 예를 들어 프랑스는 2001년 11월 16일 차별 금지에 관한 법률을 제정했다. 이 기준에 따라 부당한 대우를 받으면 차별로 보는 것이다.

외모 차별의 정의

외모의 의미는 크게 두 가지다. 첫 번째는 개인의 겉모습과 신체 특징 전반을 가리킨다(기형, 키, 몸무게, 얼굴 특징, 유전자 이상 증상 등). 두 번째는 인간이 자신을 꾸미는 방식까지 넓게 포함시킨다(헤어스타일, 턱수염, 피어싱, 문신, 옷차림 등).

벨기에는 유럽에서 유일하게 신체적 특징 기준을 법에 포함시켰다. 이 신체적 특징 기준은 범위가 좁다고 할 수 있다. 차별 금지를 위한 벨기에의 정부 기관 유니아Unia는 개인의 의지와는 상관없이 선천적, 후천적으로 가지게 된 특징을 '신체적 특징'으로 본다(몽고점, 화상, 수술 자국, 절단된 신체). 개인이 이런 신체적 특징 때문에 사회생활을 하면서 차별을 받아서는 안 된다는 것이다. 따라서 문신, 피어싱, 헤어스타일 등 '개인의 의지로 가지게 된 외양'은 차별로부터 보호를 받지 못한다.

프랑스에서도 2001년 법에서 차별해서는 안 되는 신체적 특징이 정해졌는데, 역시 신체적 특징의 범주가 제한적이다. 승무원들이 몸무게 제한을 둔 미국 항공사에 소송을 건 사건이 있었다. 이 사건 후 법안을 놓고 논의가 일어났다. 논점은 즉각 '피부색이 다른 죄(피부색이 달라 경찰에게 신원 확인 대상이 되는 경우)'에 맞추어졌다. 피부색이 달라 차별을 받는 사건이 당시에는 언론의 조명을 받았다. 프랑스 고용 센터에 올라온 구인 공고를 보면 '백인'을 원한다는 문구가 보일 때가 있다. 치즈 코너를 담당하던 여성 판매 직원이 담당 코너의 이미지와 피부색이 맞지 않는다며 해고를 당한 사건도 있었다(의회, 보고서 2609번, 2000년 10월 4일). 원래 입법부는 외모 문제를 인종 문제로 다루었다. 그 취지는 사회에서 요구되는 획일적인 미의 기준, 그러니까 백인 중심과 서구 중심의 미의 기준을 문제 삼는 것이다. 피부색 때문에 차별을 받는 사람들을 보호하기 위해 오직 자신의 의지로 어쩔 수 없는 외모의 특징만을 차별 보호 대상으로 삼았다. 피부색을 차별 금지 조항에 넣는 국제법과 유럽법이 두드러진 이유다(시민권과 정치권에 관한 국제 협약 제4조, 유럽 인권 협약 제14조, 유럽연합의 기본권 헌장 제21조 등).

프랑스의 판사들도 입법부와 마찬가지로 개인의 의지로 어쩔 수 없는 신체적 특징만을 차별 보호 대상으로 삼되 헤어스타일과 단정한 옷차림에 대한 외부의 요구는 외모 차별로 보지 않는 편이다(낭시고등법원, 12/00984번, 2013년 2월 6일). 그런데 파기원에 올라간 외모 차별 사건 중에서 예외가 있었다. 서빙하는 여직원이 근무 시간 동안 귀걸이를 빼지 않으려 했다는 이유로 해고한 업체가 차별법을 어긴 것으로 판결이 났다. 자신의 성별을 드러낸 직원을 차별해서는 안 된다는 이유였다(파기원, 10-28231번, 2012년 1월 11일). 판사들이 귀걸이를 외모를 바꿀 수 있는 수단으로 봤기 때문에 예외로 인정한 것이다. 1차적 정의만으로는 외모와 관련된 소송 사건을 해결하기 힘들다는 것을 보여주는 사례다.

불균형한 자유

선천적, 후천적으로 개인의 의지와 관계없이 생긴 신체적 특징이 차별 대상이 되는 것은 법적으로 금지다. 하지만 그렇다고 해서 개인이 선택한 외모 때문에 차별하면 안 된다는 것은 아니다. 사회의 인식과 법이 달라지면서 사건도 다양해진다. 미의 기준도 시대에 따라 다르다. 그래서 판사들은 외모 차별 금지법과 개인의 자유 사이에서 균형을 찾고자 애쓴다. 법은 다양한 이해관계를 반영한다. 프랑스 노동법 제L1133-1조에 따르면 차별을 금지하는 제L1132-1조는 특정 직업군에서 요구하는 기준이 있을 때 그 기준에 따라 받는 대우에 차이가 있을 수 있다고 인정한다.[66] 그 기준이 법적으로 타당하면 문제 삼지 않는다는 뜻이다. 프랑스 노동법 제L1121-1조도 직업의 특성과 직업적인 목표 추구와 관계된 이유가 아니라면 개인의 권리, 그리고 개인과 집단의 자유는 제한을 받아서는 안 된다는 내용을 담고 있다.

그러나 몇 가지 예시를 살펴보면 판사들이 내놓은 정의가 얼마나 모순적인지 알 수 있다. 보험사가 영업부 여성에게 살을 빼라고 강요하는 것은 외모 차별 행위다(드웨 고등법원, 11/0290번, 2012년 4월 20일). 하지만 카바레 물랭 루주의 여성 댄서가 직업을 위해 미의 기준을 갖추어야 하는 것은 외모 차별에 해당하지 않는다(파기원, 12-27.701번, 2014년 3월 5일). 마찬가지로 고객 서비스 담당 직원이 반바지와 샌들 차림을 하면 안 되는 것은 외모 차별이 아니다(상베리 고등법원, 11/02/98번, 2012년 8월 30일). 하지만 연구 담당 직원이 청바지와 장화 차림으로 고객과 만난다고 해서 해고가 될 수는 없다(파리 고등법원, 06-13511번, 2008년 10월 9일). 스마트폰 분야의 영업 사원이 꽁지 머리를 자르지 않았다는 이유로 승진이 안 되면 외모 차별을 받은 것이다(렌 고등법원, 2011-030066번, 2011년 10월 12일). 하지만 정보 분석 담당자가 모히칸 헤어스타일을 하고 기업 고객사에 정보 서비스를 할 경우에는 해고가 되어도 문제가 되지 않는다(렌 고등법원, 04-00583번, 2005년 9월 6일). 차량 운전사가 염소 수염을 면도하지 않았다고 해고되는 것은 부당하다(파리 고등법원, 02-32907번, 2004년 3월 5일). 하지만 외모의 청결이 중요한 남자 간호사가 면도를 제대로 하지 않는 것은 직무 유기가 되므로 해고를 당해도 부당하지 않다(베르사유 고등법원, 10/0326번, 2011년 8월 31일). 작은 지방 도시에서 사진 모델이 될 여성 수습사원에게 피어싱을 하지 말라고 하는 것은 부당하지 않다(브장송 고등법원, 08/01694번, 2009년 10월 9일). 하지만 코에 피어싱을 한 볼링장의 리셉셔니스트가 해고되는 것은 부당하다는 판결이 나왔다(메츠 고등법원, 05/00808번, 2008년 4월 7일).

외모 차별로 생기는 분쟁마다 모순이 존재한다는 사실이 놀랍다. 획일적인 판결은 어려워 보인다. 관련 직업군에 따라, 사내 위생 규정과 안전 규정에 따라, 기업이 고수하고 싶은 이미지에 따라, 업계에서 요구되는 아름다움의 기준에 따라 해석도 다르다.

외모 차별의 기준이 필요한 이유

출신과 인종차별을 막기 위해 생겨난 것이 신체적 특징과 그 기준이다. 여기서 의문이 생긴다. 다른 기준을 놔두고 굳이 외모 기준을 차별 금지로 삼는 이유는 무엇인가? 나이 들어 지친 얼굴이라서, 혹은 시대 유행에 맞지 않는 얼굴이라서 채용되지 않는 경우는 나이라는 기준이 적용

된 것이다. 종교적인 이유로 히잡을 쓰거나 수염을 기르는 일과 십자가 같은 종교 상징물을 대놓고 보이는 일을 금지할 때는 종교와 신념이 기준이 된다. 휠체어를 타거나 인공 신체 보철물을 달고 다니는 사람이 채용이 거부될 때는 장애가 기준이다. 성별에 대한 전통 기준에 맞지 않는 태도라 문제가 될

때는 성별이나 성 정체성이 기준이다. 부적절한 옷차림이 문제가 되는 경우는 매너가 기준이 된다. 결국 개인의 자유를 어느 정도 침해하느냐에 따라 차별 여부가 결정된다(노동법 L1121-1조). 마찬가지로 세계보건기구가 도입한 '건강하다'는 기준은 범위가 광범위해서 잠재적으로 차별을 낳을 수 있는 상황이 많이 포함된다. 세계보건기구의 정의에 따라 신체적, 정신적, 사회적으로 건강한 상태를 '건강'하다고 한다면 질병이나 장애가 전혀 없어야 한다는 뜻이 된다(세계보건기구 서문). 그렇다면 주관적인 관점에 따라 비만, 마른 상태, 작은 키도 건강하지 않은 것이 될 수 있다.

차별해서는 안 되는 외모 기준이 과연 효과가 있느냐는 의문은 판례 연구로 더욱 강해진다. 하나의 기준이 모든 상황에 다 통하는 것은 아니기 때문이다. 앞에서 살펴봤듯이 렌 고등법원은 꽁지 머리를 기른 직원을 해고하는 것은 차별이라고 판결하면서 차별 대상이 될 수 없는 외모 기준을 내놓았다(렌 고등법원, 523, 10/00985번, 2011년 10월 12일). 성별에 대한 고정관념을 문제 삼으려면 고등법원은 성별 기준을 내놓았을 것이다. 더구나 베르사유 고등법원은 젊고 상냥한 여성 직원을 원하는 구인자의 기준은 부당하다며 시위를 벌인 여성의 손을 들어주면서 업체가 나이와 외모로 차별 행위를 하고 있다고 판결했다(베르사유 고등법원, 13/03766번, 2014년 5월 7일). 잠재적인 성차별을 문제 삼는 사건에서는 성별에 관한 기준에 해당되는 것이지 나이에 관한 기준은 적용되지 않는다. 그르노블 고등법원은 보안 회사의 남성 직원이 트랜스젠더 성향을 보이며 화장을 하고 치마와 하이힐을 신고 출근했다는 이유로 해고한 것을 차별 행위라고 결론지었다(그르노블 고등법원, 10/3547번, 2011년 6월 6일). 고등법원은 외모와 성별 기준이 아니라 성 정체성을 기준으로

했다(성 정체성이 차별 대상이 되어서는 안 된다는 프랑스 법은 2012년도에야 나왔다). 여성 직원이 외모(인종) 때문에 차별을 받는다고 내린 판결에서는 외모가 기준이 되었다(오를레앙 고등법원, 2006년 5월 11일, 05/01195번).

　법원이 인종차별 행위, 성차별 행위, 혹은 트랜스젠더 혐오 행위를 처벌하기 위해 외모를 기준으로 삼으면 인종, 출생, 성별, 성 정체성과 같은 기준이 끼치는 영향력은 희석된다. 외모를 기준으로 하는 차별 행위 처벌이 사회에 미치는 영향은 상대적으로 약하다. 그보다는 인종차별 행위, 성차별 행위, 혹은 트랜스젠더 혐오 행위가 처벌을 받을 때 사회적으로 미치는 파장이 더 크다. 법원은 피해자가 외모의 기준에서 벗어나 차별을 받은 것이지 상대방이 인종차별주의자여서 차별을 받은 것이 아니라고 보고 외모 차별 행위라는 판결을 내린 것이다. 인종차별이나 성차별에 벌을 주는 행위는 저속한 이념에 맞서고 인간의 평등을 위해 노력하기 위해서다. 하지만 외모 차별에 벌을 주는 일은 단순히 참을성을 기르라는 뜻밖에 되지 않는다. 이 경우에는 보이는 행위만 중시하고 그 행위 안에 숨은 의도를 잊는 일이다. 여기에는 실용적인 이유가 있다. 눈에 보이는 외모 특징(피부색, 턱수염, 튀는 옷차림 등)으로 사람을 차별했다고 증명하는 일이 더 쉽기 때문이다. 이에 비해 인종차별이나 성차별 의도를 가지고 차별을 했다고 밝히는 일은 더욱 복잡하다. 그래서 뉴욕에 이어 캘리포니아가 2020년 1월 1일부터 헤어스타일 차별을 금지했다. 특정 인종에게서 나타나는 헤어스타일(땋은 머리, 레게 머리 등)로 차별하는 것은 인종차별이라는 취지다. 이 경우, 외모 기준은 인종차별에 속한다.[67]

광기의 1920년대,
새로운 미의 탄생

ANNÉES FOLLES:
LE CORPS
MÉTAMORPHOSÉ

●

조르주 비가렐로 | 프랑스 대학 연구소 회원, 프랑스 사회과학고등연구원 연구 소장,
에드가모랭센터 공동 대표

외적인 아름다움이야말로 문화의 산물이다. 외적인 아름다움은 지위,
가치, 시장과 긴밀하게 연결된다. 외적인 아름다움은 행동과 이목구비
를 모두 아우르기 때문에 매우 종합적인 개념이다. 20세기 전반부터 여
성의 외모가 달라지면서 미의 기준도 변화했다. 자유로운 모습, S자 몸
매, 풍부한 표현 등이 달라진 여성의 미모 기준이 되었다. 사회에서 여
성의 위치가 크게 달라졌다는 의미다.

실루엣과 라인

20세기의 아름다움은 실루엣의 변화로 생겨났다. 1910년대 새로운 미
의 기준이 생겨나기 시작했다. 날씬한 라인과 경쾌한 몸짓이 각광을 받
은 것이다. 곧게 뻗은 다리, 위로 올린 머리, 큰 키가 인기였나. 1920년
《보그》, 《페미나》 같은 잡지의 모델들은 1900년대 모델들과 많이 다르
다. 모든 여성의 키가 커진 느낌이 들고, 꽃 같은 이미지에서 줄기 같은
이미지로, S 라인에서 I 라인으로 달라지고 있었다. 길고 가는 실루엣은
수동적이지 않고 독립성을 추구하는 의미로 통한다. 여성에게 큰 변화

가 생겼음을 알 수 있다. 광기의 1920년대에 나온 잡지를 보면 이런 문구가 나온다. "활동적인 여성에게는 그에 맞는 우아함이 필요하다. 경쾌하고 자유로운 우아함이다."《레 모드》, 1936년) 가늘고 긴 실루엣은 꿈의 몸매이면서 결정적인 영향력이자 개성을 의미한다.

이처럼 여성의 실루엣 기준이 달라지기까지는 시간이 걸렸다. 마르셀 프루스트Marcel Proust의 소설에 묘사된 오데트의 몸을 자세히 살펴보자. 1910년과 1920년 사이에 달라진 여성의 실루엣은 절제되면서 열정을 품는 아름다움으로 나온다. "오데트의 몸은 단 하나의 실루엣으로 되어 있다. 울퉁불퉁한 부분과 부자연스러운 굴곡이 없어진 일자형 실루엣이다. 과거에는 불필요한 곡선이 각광을 받았다. 그러나 이제는 불필요한 굴곡이 사라진 실루엣이 이상적이다. 과거에 각광 받던 몸매와 옷태가 달라진 것이다."[68]

뿐만 아니라 화장법과 헤어스타일도 날씬하고 긴 실루엣에 맞춰 달라졌다. 가늘게 뽑은 눈썹, 튀어나온 광대, 꽉 조여서 묶은 머리카락이 좋은 예다. 1920년대 잡지《헤어스타일》등을 보면 이를 알 수 있다. "두상의 폭을 좁히면 젊고 날씬해 보일 것이다", "라인", "곧은 선", "심플"이라는 표현이 패션지에 나오게 되었다. 길게 뻗은 몸매가 유행했다. 우아하고 날씬하게 뻗은 다리가 각광을 받으면서 몸매의 비율도 달라졌다. 광기의 1920년대에는 '날씬하고 긴 허벅지'가 이상적인 몸매를 상징했다. 이와 관련된 기준도 있다. 19세기 잡지에서는 발에서 허리까지의 길이가 몸통의 2배가 이상적이라고 했는데 같은 잡지도 현재는 그 길이가 3배로 되어야 이상적이라고 하게 된 것이다. "길게 뻗은 날씬한 실루엣"[69]이 급작스럽게 나타나 강조되자 패션계의 여론도 당황해 했다. 1920년에 잡지《당신의 아름다움》은 이런 의문을 제기했다. "아무리 여

성이 유행을 좇아도 그렇지 무조건 가늘고 긴 실루엣은 보기 불편한데 이런 실루엣을 추구할 수 있을까?"

여성의 라인은 단순히 이미지나 말로 표현할 수 없다. 여성의 실루엣이 의미를 지니게 된 것은 제1차 세계대전과 제2차 세계대전 사이다. "여성의 미학은 문명의 변화를 분명히 나타내는 징후에 속하지 않는가?"《당신의 아름다움》의 어느 호(1935년)에서 필립 수포Philippe Soupault가 한 주장이다. 길게 뻗은 여성의 라인은 무엇을 계속 추구하는 것일까? 남성과의 경쟁? 아니면 더 많은 자유?

인식의 변화

활동성을 강조하는 몸매가 각광을 받으면서 새로운 여성상이 등장했다. 적어도 코르셋을 거부할 권리, 성큼성큼 걸을 권리, 편안하게 벌어진 어깨를 가질 권리, 마음껏 키가 클 수 있는 권리를 얻은 새로운 여성이 나타난 것 같은 생각이 든다.[70] 보이시한 여성이 유행한다는 것은 사회 인식이 달라졌다는 뜻이다. 보이시한 여성이라는 이름을 만들어낸 빅토르 마그리트Vitor Margueritte의 소설은 1922년과 1929년 사이에 100만 부가 팔렸다.[71] 소설 속 여주인공 모니크 레르비에는 중산층의 위선을 비판하며 자유롭게 성관계를 맺고 일탈을 벌이다가 갑자기 균형을 찾는다. 보이시한 여성상은 그 어느 때보다 외모의 미학에서 문화가 달라졌음을 보여주었다. "보이시한 여성상은 더 이상 타이틀도 아니고 종류도 아니다. 공통된 이름일 뿐이다."[72]

보이시한 여성상이 각광을 받으면서 외모와 옷차림의 기준이 퍼져나갔다. 길게 뻗은 날씬한 몸, 샤프한 느낌의 화장법, 짧은 머리카락이 그것이다. 특히 헤어스타일에서는 편안함과 활동성을 선택한다.

비베스코 공주라 불렸던 엘리자베스 비베스코는 1920년대에 이렇게 달라진 여성상에 놀라워하면서도 왠지 끌린다고 설명했다. "자유롭고 거침이 없으며 의무에서도 해방된 우리 시대의 여성들은 동시에 예전부터 내려온 가장 확실한 유혹이 무기인 여성다움도 포기했다. 우리 시대의 여성은 어떤 암묵적인 위협에 따른 것일까?"[73] 한 시대가 저물고 새로운 시대가 열리는 것 같다고 이야기하는 사람들이 많다. 시대의 변화가 성공적이라고 인정하는 사람들도 많다. 1935년 《당신의 아름다움》의 이야기를 믿는다면 "헤어스타일의 속박에서 벗어나지 못하면 진정한 아름다움은 없다."

물론 외모만이 진실은 아니다. 외모는 변화를 불러일으키기도 했다. 전통적인 미의 기준,[74] 의존적인 여성을 만들기 위한 오랜 풍습, 높아지는 여성의 연봉이라는 현실이 드러났다. 하지만 결혼한 여성들에게는 변화가 아직 오지 않았다. 이상적인 주부상은 유명 인사, 도덕가, 의사들이 높이 평가하는 모습 그대로였다. 하지만 연약한 여성의 모습을 두고 1920년대부터 점점 더 많은 여성들이 시대착오라고 느꼈다. 특히 폴 제랄디Paul Géraldy의 묘사에 따르면 특히 젊은 여성들의 인식이 전쟁이 끝나고 달라졌다. 이와 함께 여성들의 모습도 달라졌다. "전쟁이 끝나고 남성들이 돌아왔다. 돌아온 남성들은 많은 여성들이 도발적이고 참을성이 없고 당당해진 모습을 발견했다. 젊은 여성들은 노출을 즐기고 화장을 짙게 했으며 거침없이 반말을 했다. 소년들도 여기에 동참했다."[75] 광기의 해에 유행한 몸매는 많은 광고의 대상이 되었다. 신세대 여성들의 몸매는 미래지향적이고 평등을 추구하는 이미지였다. 즉, 독립적인 이미지였다. 독립성은 일부 여성들에게는 도달한 목표였고 일부 여성들에게는 이제 막 꿈꾸기 시작한 것이었다. 패션 잡지도 느리지만 이러한 변화에 동참하며 우아함과 활동적인 삶, 그리고 아름다움과 일을 대조시켰고 여성의 일상을 두 가지 모습으로 전했다. 예를 들어 1936년《페미나》는 직업을 가지면서 외모를 꾸미는 현대 여성들의 특징을 다루었다.

이에 따라 '하루 종일 예쁘게 있는 방법'처럼 새로운 기사들이 나왔다. 한가해야 외모를 관리한다는 고정관념에 도전하는 기사들이었다. 새로운 장르의 잡지들은 사무원, 교환원, 타이피스트로 일하는 여성들을 인터뷰하면서 이들이 아름다워지기 위해 공통적으로 하는 것은 무엇인지에 대해 알아보았다. 하지만 현실은 일상생활이 바빠 여성들은 외모를 가꿀 시간이 없었다. 이 과정에서 거울, 콤팩트, 립스틱, 하루 종일 지속되는 향수, 핸드백, 다양한 액세서리 같은 용품은 재해석되었다. 일하는 여성은 출근해서나 퇴근해서나 외모를 예쁘게 가꾸어야 했다.

아웃도어의 가치

아름다움의 기준 중 하나는 상징적인 의미가 강하다. 외부 활동에 의해 몸에 남은 흔적, 공기, 바다, 햇빛이 주는 강렬한 가치가 그렇다. 빛은 패션 사진에 침투하고 공간은 프로필 사진을 활기차게 만든다. 특히 해변은 더 이상 단순한 장식이 아니라 배경이다. 산책하는 사람들은 적고 한가하게 누워 있는 사람들이 많이 보인다. 정장은 덜 보이고 수영복이 많이 보인다. 햇빛은 문학의 소재가 된다.[76] 묘사 방식도 새로워지는데, 예를 들어《당신의 아름다움》(1936)에 나오는 젊은 여성을 보자. "여성은 성큼성큼 걸으면서 묘한 활기를 전한다." 여성의 얼굴은 바캉스에 대한 추억을 표현해야 한다.《마리클레르》(1938)에 따르면 몸은 진정한 아름다움을 유일하게 살려주는 '야외'를 생각나게 해야 한다.

이런 아웃도어의 이미지가 새로운 미의 기준이 되면서 선텐이 각광을 받았다. 야외와 실내가 대조를 이루었고 여성스러움과 실내 생활은 낡은 이미지가 되었다. 활동적인 여성성이 우선시 되었다. 활동성은 전통적인 젊은 여성들에게는 잘 허용되지 않는 것이었다. 하지만 이제는 여기저기서 밖으로 나가야 한다는 분위기가 생겼다. 물론 여성들의 이 탈출은 부티크로 한정되거나(피에제트 사르탱Pierrette Sartin의『단정하지 않은 어느 젊은 여성의 추억Souvenirs d'une jeune fille mal rangée』, 1930년) 위선적인 중산층이 가득한 파리로 한정된다(시몬 드 보부아르Simone de Beauvoir의『단정한 어느 젊은 여성의 추억Mémoire d'une jeune fille rangée』, 1958). 그래도 사르탱이나 보부아르의 소설은 여성들의 성취 이야기가 가득하다. 부모 세대와 앞 세대 여성들과는 달리 신세대 여성들은 공부에 대한 야심을 가지게 되었고 독립심과 함께 외모 꾸미기나 야외 생활을 똑같이 중시했다.

예를 들어《당신의 아름다움》의 여성 독자 한 명이 1937년에 인용한 캠핑은 젊음과 아름다움을 유지하는 중요한 방법이었다. 이에 따라 몸에 대한 인식과 외모 관리 방법이 크게 달라졌다. 바캉스 문화와 함께 새로운 아름다움이 만들어졌고 추천하는 화장법도 달라졌다. 야외에 어울리는 화장법, 태양처럼 화사하게 빛나는 화장법, 완벽한 다리와 발을 만들어주는 제모가 각광을 받았다. 화사한 화장법이 새로운 기준이 되었다. 문화 혹은 미의 기준이 달라졌다고 할 수 있다.[77] 1913년 당시에는 아웃도어에 어울리는 화장법은 예쁘게 보지 않았다. 선탠하고 활달하며 몸의 일부를 노출하면서 날씬한 여성상이 새롭게 떠올랐다. 근육과 피부의 미적 기준도 달라졌다. "아름다움을 만드는 것은 날씬하고 적당한 근육이 있어 편안하게 움직이는 몸이다."《당신의 아름다움》(1934)에 나온 문구다.

1930년대 아름다움의 기준도 다르지 않았다. "날렵하고 운동으로 다져진 실루엣, 군살 없이 날씬하고 근육이 적당히 발달한 팔다리, 활기차고 개방적인 느낌의 얼굴."[78] 현재의 이상적인 여성적 아름다움도 다르지 않다. 1930년대부터 아름다움의 기준은 가식적인 우아함과는 거리가 멀었다. 코코 샤넬도 같은 주장을 했다. 제1차 세계대전과 제2차 세계대전 사이에는 날씬한 벗은 몸이 미의 기준이었다. 겉모습이 아름다우면 속마음도 아름다울 것이라고 상상했다. 현대의 몸매는 엄격하다. 특히 해변에서 입는 몸에 딱 맞는 수영복은 자신감과 열등감을 불러일으켰다. "제 가슴은 살찌고 축 처졌어요. 키는 170센티미터고요. 절대로 수영복은 못 입을 것 같아요. 창피하네요." 1937년《당신의 아름다움》의 여성 독자 한 명이 한 말이다. 1900년대 여성 독자들이 편지를 통해 주로 얼굴과 화장법에 대해 이야기했다면 1930년대 여성 독자들의 편지는 주로 몸매 이야기를 했다. 이것이 시대 차이다.

새로운 미의 기준

겉으로 보이는 몸의 라인과 보이지 않는 숨은 라인 사이의 차이는 어느 정도 될까? 이런 것들을 궁금해하는 분위기가 형성되면서 새로운 사이즈를 추구하게 되었다. 사이즈와 관련된 숫자들이 1930년대 잡지와 미의 기준을 지배했다. 키에 어울리는 몸무게와 볼륨에 관한 수치였다. 이상적인 사이즈 수치는 마른 체형에 가까웠고 이상적인 몸매의 기준은 이전보다 엄격해졌다. 더 이상 160센티미터에 60킬로그램이면 충분하다는 기준이 아니었다. 1930년 《헤어스타일》 등의 잡지는 160센티미터에 55킬로그램 혹은 57킬로그램가 되어야 한다고 제안했고 키 대비 몸무게의 기준이 엄격해졌다. 지난 10년 동안 이상적인 몸무게의 기준은 계속 줄었다.

1920년대부터는 미의 기준이 많이 달라졌다. 마른 여성보다는 글래머 여성을 아름답게 보는 시각이 생기기 시작한 것이다. 통통한 몸매는 곡선으로 표현되었다. 리셰르의 묘사를 보면 그렇다. 눈 밑의 늘어진 살, 계속 늘어지는 두 겹의 턱, 점점 살에 파묻히는 가슴, 늘어진 살, 넓적해지는 허벅지, 점점 없어지는 엉덩이의 주름.[79] 숫자만 봐도 굴곡 있는 몸매가 유행이었음을 알 수 있다. 제1차 세계대전과 제2차 세계대전 사이에는 미인 대회의 종류가 많아졌다. 1921년 미스아메리카, 1928년 미스프랑스, 1929년 미스유럽, 1930년 미스유니버스가 좋은 예다. '미스'라는 표현이 사용된 것은 미국의 문화가 대중문화로서 이미지, 영화,

음향에 큰 영향을 미쳤다는 뜻이다.

미인 대회는 큰 관심을 불러일으켰다. 하지만 페미니스트들은 여성의 이미지를 지나치게 전통적인 모습으로 퇴화시킨다고 하며 미인 대회를 비판했다. 미인 대회를 유혹과 쾌락의 혼선이라고 보는 사람들도 있었다. "여왕으로 시작해 행실 나쁜 여자로 끝난다." 미인 대회를 우생학 관점으로 보며 우려하는 사람들도 있었다. 1920년대에는 여전히 우생학의 영향이 남아 있었기 때문이다. 1982년 미스프랑스의 주최 멤버에 속한 모리스 드 왈프Maurice de Waleffe는 미인 대회를 통해 남자들이 보는 눈을 키워 신체적으로 흠이 있는 여성들과의 결혼을 하지 못하게 하려는 의도를 품고 있었다. 프랑스의 우생학 관점을 알 수 있는 부분이다. 그러나 프랑스는 이상적인 결혼 상대로 제시한 여성들의 신체가 아름다움과 오히려 동떨어진다는 비난을 받았다. 어떻게 해서든 인류를 개선한다는 취지에서 여는 것이라는 미인 대회의 이면에는 '1920년 법'의 의도가 숨어 있었다. 모든 산아제한을 금지하면서 제한적으로 우생학 시도를 허용한 1920년 법이었다.

어쨌든 1920년대에는 큰 변화가 있었다. 외모에 대한 인식은 물론 여성에 대한 미의 기준도 달라진 것이다. 1920년대에 시작된 변화로 '화살처럼 가느다란' 실루엣이 강조되었다.(《르 몽드》, 2003년 9월 27일) 현대에 인기인 몸매와 비슷하다. 길게 뻗은 다리와 가느다란 몸이 각광을 받았고 유연하면서도 근육이 적당히 발달한 모델은 날씬한 배가 곧 건강한 몸이라는 것을 보여주었다. 이에 따라 당연히 대중적으로 날씬한 몸이 인기를 끌었다. 개인들도 날씬한 몸을 추구하기는 마찬가지였다. 이와 함께 활달한 모습, 컬러풀한 화장법, 깨끗한 피부도 추구하게 되었다. 더 새로운 방식으로 자신을 과시하게 된 것이다. 아름다움과 건강이 서로 연결되면서 집단적으로 추구하는 목표가 되었다.

건강한 아름다움이 강력한 기준이 되면서 개인의 목표인지, 집단의 목표인지 구분하기 힘들어졌다. 건강한 아름다움을 얻지 못한 것은 개인의 책임이라는 시각이 있다. 도저히 다가가기 힘든 미의 기준을 대고 실패의 원인을 개인의 책임으로 돌리는 것이다. 더구나 개인의 결정으로 외모가 정해진다고 말한다. 이렇게 건강함의 기준이 하나로 획일화되면 부작용이 나타날 수 있다.

유행 속에서
아름다움은
오히려
고리타분해진다

| 프레데릭 고다르와의 대담 |

« Dans la mode,
la beauté est démodée »

프레데릭 고다르 | 사회학자, 프랑스 경영대학원 인시아드 조직심리학 교수

유행의 기원이 역사적으로 언제부터 시작되었는지 정확히 알 수 있을까요?

··

고다르 사회학에서 유행을 어떻게 정의하느냐에 따라 다릅니다. 유행을 사회 변화의 종류로 볼 수 있습니다. 이때는 사회 구성원들의 모방과 개성을 기준으로 하죠. 유행을 순수하게 패션의 관점으로 볼수도 있습니다. 하지만 위 두 가지 정의는 조금 모호합니다. 때로는 두 가지 정의가 상호 보완을 하기도 합니다. 패션은 언제나 변화를 반영했습니다. 외모라는 개념은 신석기시대부터 존재했습니다. 장신구가 좋은 예입니다. 구체적인 자료는 부족하지만 유행이라는 형태는 예전부터 존재했던 것 같습니다. 그리스와 로마의 기록을 통해서도 알 수 있죠. 로마 시대 플리니우스는 장신구, 정확히 고리 장식에서 유행을 언급했습니다. 르네상스의 자료에서는 당시 매우 부유했던 피렌체, 베니스, 부르고뉴 같은 도시국가에서는 중산층이 증가하면서 귀족 중심 질서에 문제 삼았습니다. 패션은 사회적으로 개성을 보여주고 부를 과시하는 수단입니다. 그래서 새로운 직업들이 생겨났고, 새로운 직업들 덕분에 해당 산업은 빠르게 성장합니다. 그

래서 많은 사회학자와 역사가들은 당시에 패션 중심의 유행이 나타
났다고 봤습니다.

**그러니까 아름다움을 추구하고 사회적 위치를 과시하려는 과정에서 유행
이 나타난 것이군요.**

고다르 그렇습니다. 사회학적으로 보면 아름다움의 기준은 사회적인
산물입니다. 계급이든 직업이든 사회 구성원들이 대립하면서 아름
다움의 기준이 생겨납니다. 사회 구성원들은 서로 차별성을 내세우
기 위해 미의 기준을 만들어냅니다. 이를 가리켜 패션의 표준 이론
이라고 합니다. 하위 계급이 상위 계급을 모방하면서 유행의 표준이
생겨납니다. 애덤 스미스Adam Smith의 시각이기도 했죠. 우선, 대중
상품이 없을 때는 유행이란 특정 계급의 전유물이었습니다. 즉,
귀족과 부유한 중산층이 유행을 즐겼습니다. 그 안에서 서로 경쟁하
며 차별성을 만들어냈습니다. 제1차 세계대전 이전에는 유행을 즐
기는 사람이 아주 일부였습니다. 프랑스에서 제조업이 발달하면서
다양한 의상이 나왔으나 일반인은 옷이 두 벌밖에 없었는데, 월요일
에서 토요일까지 입을 옷과 일요일에 입을 옷이었죠,

　　제1차 세계대전과 제2차 세계대전 사이에, 그리고 제2차 세계대
전 이후에 산업이 대중화되고 여유로운 소비자들이 많아지고 공장
에서 새로운 생산 방식이 발명되면서 중산층은 자신만의 스타일을
꾸밀 수 있는 제품을 접하게 되었습니다. 하위문화와 아방가르드 같
은 개념이 나타났습니다. 디자이너들이 중요해지기 시작했고요. 이
제 수백만 명의 사람들이 자신만의 생각과 취향을 키우고 이를 표

현할 수 있게 되었습니다. 중산층은 더 이상 상류층을 모방하지 않게 되었고 오히려 반대로 상류층에게 영감을 주게 되었죠. 강력한 영향을 끼치는 특정 그룹이 있어서 기본 원칙은 여전히 존재하지만 유행은 계급의 차이를 초월해 수평으로 변하고 있습니다. 중산층이나 서민층 사이에 펑크스타일, 고딕 스타일 등이 다양하게 나타나면서 서로 영감을 줍니다. 이 과정에서 전통적인 사회 계급이나 부의 개념은 희미해집니다. 현재의 상황은 다소 복잡합니다. 모든 방향에서 개성을 추구하는 움직임과 함께 서로 섞이는 퓨전 개념이 발달해서입니다. 힘이나 부를 과시하거나 정체성을 드러내는 움직임이 있습니다. 자신이 록, 펑크, 고딕, 바바처럼 파격적인 패션 취향이면 이를 드러내죠. 사람들은 적당히 자신의 문화적 개성을 드러내게 되었습니다. 다수의 유행도 따르면서 지나치게 튀고 싶어 하지는 않습니다. 개성을 드러내는 것은 스스로 선택한 정체성을 보여주기 위해서지 시대의 유행과 동떨어져 촌스러운 느낌을 주기 위해서가 아니니까요.

그런데 10여 년 전부터 집단 정체성 대신 개인주의가 나타나고 있습니다. 개인주의가 극도로 발달하면서 하위문화 자체도 걸고넘어집니다. 예전에는 볼 수 있는 것이 제한되어 있으나 지금은 아닙니다! 패스트 패션 브랜드가 발달하면서 끊임없이 생산이 이루어지고 그 결과 환경을 오염시킨다는 것을 사람들이 인식하게 되었습니다.

그러니까 유행의 역사는 3단계를 거치는군요. 1단계는 소속 사회 계층 표현, 2단계는 소속 문화 그룹 표현, 3단계는 내 자신 표현. 그렇다면 아름다움은 어떤가요?

고다르 사회학에서 보면 지배 그룹이 아름답다고 생각하는 것이 아름다움의 기준이 됩니다. 색깔이든 형태든 실루엣이든 문양이든 소재든 상관없이 말이죠. 물론 시간이 흘러도 잘 변하지 않는 트렌드도 있습니다. 예를 들어 노란색이나 보라색처럼 선호되지 않는 색깔도 있습니다. 반면에 인간은 본능적으로 붉은색을 선호하는 편입니다. 하지만 현대의 산업이 어떤 방식으로 역사적으로 간직한 인간 본연의 취향을 바꾸어놓았는지에 대해서는 아직 밝혀진 것이 없습니다. 어쨌든 현대 산업 자체의 막강한 힘은 아주 잘 알고 있습니다. 그래서 새로운 현상이 만들어지죠. 이전에는 코코 샤넬이나 이브 생로랑 같은 고전적인 디자이너들이 이상적인 아름다움을 추구했습니다. 하지만 신세대가 나타나면서 아름다움이라는 기존의 개념은 사라지고 냉소가 득세하게 되었습니다. 그 결과 별로 아름답지 않다고 낙인찍힌 것이 새롭게 각광을 받으며 새로운 미의 기준이 되었습니다. 예를 들면 과거에 미움을 받은 그런지grunge나 놈코어normcore 같은 1990년대 스타일이 요즘 새롭게 유행했고 미화원이나 소방대원이 입는 유니폼이 패션 아이콘이 되었습니다. 2000년대에는 가는 몸매가 유행하면서 펑퍼짐한 옷이 외면을 받았으나 지금은 다시 펑퍼짐한 옷이 유행입니다. 특정 스타일이 어째서 아름답다고 각광받는지, 아니면 아름답지 않다고 외면받는지 설명할 이유는 매번 있습니

다. 인간이란 언제나 주어진 스타일이나 모습을 긍정적으로 보기도 하고 부정적으로 보기도 하니까요.

미의 기준은 시대에 뒤떨어진 개념입니까?

`고다르` 보편적인 미의 기준이라는 것에 많은 사람이 반감을 가지고 있습니다. 보편적 미의 기준 뒤에는 지배 세력의 논리가 있기 때문입니다. 상대주의가 각광을 받으면서 절대적인 미의 기준이 사라지고 있습니다. 이제는 스타일, 경험, 글로벌, 융합을 이야기하는 시대입니다. 그렇다고 해서 세상이 가치를 매기지 않게 되었다든지 미의 기준 자체가 없어질 것이라는 이야기는 아닙니다. 어쨌든 이 절대적인 미의 기준에서 한 발짝 떨어져 있는 것도 유행에 속합니다. 10년 뒤에는 다시 절대적인 아름다움이 각광을 받을지도 모르죠. 어쨌든 과잉생산과 대량생산 시스템도 한계에 와 있습니다. 변화의 기운이 느껴집니다. 그렇다면 우리는 좀 더 미니멀리즘적인 유행을 추구하게 될까요? 유행도 가상의 세계에서 이루어질까요? 유행이 디지털화될지도 모릅니다.

유행이 디지털화되면 어떻게 될까요?

`고다르` 아바타가 유행하거나 온라인에서 소통을 하겠죠. 가능한 일입니다. 이미 패션 브랜드들이 이런 생각을 하고 있으니까요. 자신의 아바타에 입힐, 로고가 새겨진 옷을 살 겁니다.

그렇다면 이제는 스노비즘이 온라인으로 무대를 옮기겠군요. 우리 모두 자신의 외모를 가꾸고 싶다는 마음에 댄디족이 되고 있는 것일까요? 하지만 모두가 댄디족이 되면 댄디족이 아닌 사람이 없어 획일화되죠.

고다르 19세기에 탄생한 댄디족은 일시적인 유행에 반발해 절대적인 아름다움이라는 개념을 내놓았습니다. 당시 조지 브루멜George Brummel은 프랑스·이탈리아의 영향으로 생겨난 유럽 스타일, 일명 '마카로니' 스타일에 반발해 푸른색, 검은색, 회색, 갈색과 같은 색채를 활용한 영국식 남성 스타일을 개척하려고 했습니다. 댄디즘은 남성 패션에서 단순히 미학만의 문제가 아니라 지정학적인 영향력과 유행의 힘을 바꾸려는 시도였습니다. 여성 패션은 여전히 프랑스·이탈리아풍에 머물러 있었습니다. 현재 댄디즘은 패션계에서 큰 영향력을 발휘하지는 못하지만 현대적인 댄디족을 표방하는 사람들은 자신만의 스타일과 아름다움을 강조합니다. 소비자들 사이에서도 차이가 생길 것 같습니다. 실용적인 이유든, 새로운 시도를 하려는 이유든 유행의 흐름을 따라가는 사람들도 있을 테지만 댄디족처럼 패션을 통해 개성을 추구하겠다는 사람들도 있겠죠. 모두에게 어필하는 객관적인 아름다움과 주관적인 아름다움으로 갈리겠죠. '독립적인 사람으로서 나만의 아름다움이 있고 이를 찾겠다. 나만의 아름다움은 내가 안다'가 주관적인 아름다움입니다. 우리는 극단적인 개인주의 시대를 맞고 있습니다. 극단적인 개인주의는 1960년대부터 시작되었습니다. 물론 온전히 나만의 개성을 추구하기란 어려운 일이었지요. 하지만 이제는 누구나 나만의 스타일을 추구합니다.

유행이란 잘 팔리는 것을 말합니까?

고다르 잘 팔리는 것이 유행이라고 할 수 있죠. 많은 소비자에게 통하면 유행이 됩니다. 예전에는 살 수 있는 옷이 특정 브랜드 제품밖에 없었지만 이제는 선택의 폭이 넓어졌고 브랜드도 다양해졌습니다. 현재는 피드백 효과가 대단해졌습니다. 정교한 시스템으로 일주일 만에 새로운 스타일을 만들어내는 자라Zara 같은 브랜드들이 있습니다. 예전에는 새로운 유행을 만들려면 6개월이나 1년이 걸렸습니다. 새로운 유행을 뚝딱 만들어내는 브랜드들은 타깃 소비자 분석을 철저히 하고 계획에 따라 생산공정을 작동시키며 매장에서 자동적으로 판매가 이루어지게 합니다. 이러한 브랜드들이 추구하는 목표는 소비자들이 원하는 것을 즉각 만들어내기 위해 신속성을 내세우는 일이라고 생각합니다. 이렇게 보면 유행도 달라지고 있습니다. 실시간으로 소비자의 피드백을 분석하는 일은 이전에는 볼 수 없었으니까요.

그러니까 소비자는 동시에 크리에이터이기도 하군요.

고다르 아마 그렇다고 할 수 있을 것입니다. 하지만 시스템이 변해가는 과정일 수도 있습니다. 어쩌면 앞으로는 소비를 줄이면서 비즈니스에 대항하는 대중의 반응이 나오지 않을까요?

책임 있는 유행, 윤리적 패션의 시대가 될 수 있는 것이군요?

고다르 가능합니다. 친환경 패션을 추구하는 사람들도 아름다움을 중요하게 생각합니다. 다만 속도를 줄이거나 새로운 소재를 사용해야 한다는 것이죠. 아직 친환경 패션은 전체 소비의 5퍼센트도 되지 않습니다. 기껏해야 1퍼센트 정도죠.

소비를 줄이려면 지속 가능한 유행이 필요합니다. 하지만 이는 획일적인 소비로 갈 수 있습니다.

고다르 여기서 모순이 생기는 것이죠. 패션의 유행만 봐도 그렇습니다. 앞으로는 위생적인 기능과 편안함을 동시에 주는 패션이 유행할 수 있습니다. 마치 소련의 패션처럼요. 참 재미있죠!

장 콕도가 한 말일 수도 있고 살바도르 달리가 한 말일 수도 있습니다. "유행은 오히려 시대에 뒤떨어진 것이다." 동의하시나요?

고다르 예, 동의합니다. 그런데 '스타일은 오래 간다!'고 덧붙이는 사람들도 있을 겁니다.

인터뷰 정리 장프랑수아 마르미옹

유행 속에서 아름다움은 오히려 고리타분해진다

평범하지 않은
몸에 깃든
아름다움을 보다

Percevoir la beauté
en un corps singulier

•
다니엘 모이스 | 철학 교수, 사회문제 융합 연구소, 프랑스 국제관계전략연구소 객원
연구원

근육위축증이라는 중증 장애를 앓고 있는 마르셀 뉘스Marcel Nuss는 이런 글을 썼다. "장애인은 태어나는 것이 아니라 다른 사람들의 눈을 통해 만들어진다. 다른 사람들의 시선을 별로 의식하지 않는 사람들에게는 기분 나쁜 주장일 수도 있겠지만, 안타깝게도 이게 현실이다. 평범하지 않은 몸을 보면 사람들은 너무나 놀란다!"[80] 마르셀 뉘스는 자신의 모습을 보고 놀라는 사람들과 매일 마주친다. 사람들은 처음에는 깜짝 놀랐다가 걸음을 멈추고 뚫어지게 바라본다. 마르셀 뉘스는 이런 불편한 시선에 익숙해지기 위해 너무 많은 노력이 필요하다고 말한다.

보는 것 자체가 평가하려는 행위

신체장애를 가진 사람은 타인의 시선에 대한 문제를 끝없이 제기한다. 관음증 같은 시선이 아니어도 타인의 시선은 장애를 가진 사람들에게 불편하다. 타인의 시선이 너무나 부담스럽고 타인의 시선을 받으면 장애가 두드러지는 것 같다고 털어놓은 장애인이나 장애인 가족들이 많다.

실제로 다른 사람을 '보는' 것은 단순히 눈을 통해 바라보는 행위가

아니다. 그 사람을 평가하려는 의도가 깔린 행위다. 무엇인가를 본다는 것은 가치판단을 하겠다는 의미가 깃들어 있다. 그래서 '보는' 것은 '평가'와 같은 의미다. 이것이 시각이 가진 특이한 성격이다. 무엇인가를 볼 때는 주관성이 작용한다. 누군가를 볼 때는 그 사람에게서 받은 인상을 통해 그 사람을 평가한다. 그래서 객관적으로 평가하는 일은 거의 없다. 그 사람에게 받은 인상을 기초로 그 사람이 좋다거나 혹은 싫다고 평가한다.

프랑스 철학자 모리스 메를로퐁티Maurice Merleau-Ponty는 "우리는 몸으로 세상과 소통한다"[81]라고 했다. 실제로 다른 사람과 만날 때 육체를 초월하는 일은 없다. 다른 사람과의 접촉은 서로의 육체에 대한 인식으로 이루어지기 때문이다. 이미 17세기부터 프랑스 수학자 블레즈 파스칼Blaise Pascal은 타인의 외모가 우리의 인식에 중요한 영향을 미친다면서, 인간은 겉만 보고 판단하는 존재거나 똑똑한 존재라고 했다. 파스칼의 글을 살펴보자. "평가는 그 대단하다는 순수한 이성으로 이루어진다고 한다. 하지만 무엇인가를 본질 그대로 평가하는 것은 아니다. 그렇기 때문에 불리한 상황에 놓인 약자들은 타인의 시선에 상처를 받을 뿐이다." 예를 들어 설교를 듣는다고 생각해보자. "설교하는 사람이 목소리가 쉬어 있고 얼굴이 이상하고 면도도 제대로 하지 않았다면 그 사람이 하는 말은 아무리 진실이어도 헛소리처럼 들린다. 외모 때문에 설교자가 하는 말에 권위가 없어 보이는 것이다."[82]

습관이 시선에 미치는 영향

우리는 사람을 만날 때 그 사람의 인상에 따라 긍정적인 평가를 하기도 하고 부정적인 평가를 하기도 한다. 도저히 못 봐줄 정도로 외모가 흉하거나 적응이 안 될 정도로 신체가 이상하면 그 사람을 계속 보기 힘들고 만남도 이어가기 어렵다. 이는 어쩔 수 없는 일일까? 아니면 보는 방법을 제대로 훈련해서 서로를 있는 그대로 볼 수 있을까?

보는 행위는 주관적으로 인식하는 일이다. 우리는 사람이나 물건을 있는 그대로 보지 않고 습관적으로 형성된 우리의 인식을 통해 바라본다. "본 것만 믿어"라고 말하는 사람들이 있다. 그런데 이 사람들이 잊고 있는 사실이 있다. 우리는 습관으로 만들어진 나름의 시각으로 대상을 볼 뿐이라는 사실이다. 하지만 우리는 처음에 보고 느낀 것을 계속 똑같게 느끼지 않는다. 이 점을 명심해야 한다. 익숙해지고 습관이 바뀌면 시선도 달라진다. 그렇기 때문에 근육위축증을 앓고 있는 마르쉘 뉘스의 첫 번째 부인 입에서 이런 말이 나올 수 있는 것이다. "남편의 몸이요? 아무 문제없어요. 아름답다고 생각하니까요."

익숙하지 않은 것을 보는 행위

메를로퐁티의 글을 살펴보자. "시야에 들어온 풍경은 두드러지고 나머지 대상은 뒤로 물러나고 점점 보이지 않는다. 하지만 그 나머지 대상도 어쨌든 계속 존재한다."[83 84] 메를로퐁티는 이런 말도 했다. "어떤 대상을 본다는 것은 그 대상이 시야에 들어와 주의를 집중시킨다는 것이다. 그 대상을 뚫어지게 바라보면서 그 대상이 봐달라고 하는 요구에 응하는 일이기도 하다. 어떤 대상을 응시하면 그 대상에 몰입하는 것이다. 그렇게 시선을 고정하면서 대상의 움직임을 눈으로 쫓는다."[85] 결국 진짜로 무엇인가를 본다는 것은 단순히 한 면만 보는 것이 아니다. 그 대상에 전반적으로 적응하는 것이다. 진정으로 볼줄 아는 사람은 한 번 본 것으로 대상을 전부 이해했다는 착각에 빠지지 않는다. 이런 자각 없이 눈으로 보기만 하는 것은 대상을 모욕하는 일이다. 진정으로 한 사람을 볼 수 있으려면 그 사람을 단순히 눈에 보이는 대상으로 전락시켜서는 안 된다. 그 사람의 겉모습이 전부가 아니라는 사실을 인식하며 그 존재를 존중해야 한다.

처음 질문으로 돌아가 보자. 왜 신체가 남다른 사람과는 만나기 버거운가? 이렇게 질문을 바꿔보자. 신체장애를 지닌 사람을 바라볼 때 생기는 불편한 시선은 어떻게 극복할 수 있을까? 몇 가지 방법을 알아보자.

평범하게 바라보는 방법

깜짝 놀랄 외모를 아무렇지도 않게 평범하게 바라보는 노력이 필요할까? 아니면 평범하지 않은 외모의 사람에게 익숙해지기 위해 노력해야 할까? 두 가지 노력이 모두 필요하다! 파스칼의 말을 다시 살펴보자. 파스칼은 목소리가 쉬거나 면도가 제대로 되지 않은 설교자의 말은 진실로 들리지가 않을 수 있다고 했다. 여기서 우리가 심리학적으로 얻을 수 있는 교훈은 무엇일까? 불편한 사람이 보일 때 시선을 돌리기란 쉽다.

하지만 익숙하지 않은 것을 뚫어지게 바라보는 것도 쉽다.

패션과 메이크업은 신체적으로 특이한 사람에 대한 인식에 생각지도 않는 영향을 준다. 패션과 메이크업은 신체장애자에 대한 낙인 효과를 완화하고 다른 사람들이 그들을 더 잘 수용할 수 있게 한다. 그렇다고 일부러 튀는 옷을 입거나 반드시 화장을 해야 한다는 뜻은 아니다. 옷이나 화장이 과하면 상대방에게 불편함을 줄 수 있어서 오히려 신체적인 결함이 더 드러난다. 루키노 비스콘티Luchino Visconti 감독의 영화 〈베니스에서의 죽음〉에 나오는 엔딩 장면을 생각해보자. 주인공 소년 타지오는 나이를 먹으면서 이성을 유혹하기 위해 머리를 염색하고 화장을 한다. 하지만 화장과 염색이 과해서 그런지 젊어 보이기는커녕 원래 지니고 있는 아름다움마저 없어진다.

평범하지 않은 모습을 평범하게 바라볼 수 있게 되면 걸리적거리던 시선의 덫에서 해방될 수 있다. 다운증후군을 앓는 아이들은 다운증후군처럼 보이지 않기 위해 얼굴을 성형해야 할까? 이것이야말로 평범해져야 한다는 압박이 아닐까?

얼굴이나 몸이 평범하지 않다면 다행히 여러 시술을 받을 수 있다.

하지만 의문이 남는다. 그럼 우리는 타인의 곁눈질에서 벗어나기 위해 개성이 없는 장식품처럼 되어야 할까? 아니면 평범하지 않은 대상도 아무렇지 않게 지나칠 수 있도록 우리의 눈에 새로운 습관을 들여야 할까? 이것이 문제다! 몇 년 전, 자크 시라크Jacques Chirac 대통령 산하의 국립장애고등연구소가 장애인을 바라보는 시선을 바꾸겠다는 포부를 밝힌 적이 있다. 이를 들은 정신분석학자 쥘리에트 슈미트Juliette Schmitt가 내게 이런 말을 했다. 쥘리에트 슈미트도 뼈에 장애를 안고 있다. "우리 장애인들을 바라보는 시각을 바꾸는 방법은 간단합니다. 우리가 더 많이 보여서 사람들이 우리를 보는 것에 익숙해져야 해요." 그리고 이렇게 덧붙였다. "장애인이 학교, 레스토랑, 극장 등 아무 데도 갈 수 없다면 비장애인들과 우연히 마주쳤을 때 불편한 시선에 늘 시달릴 겁니다."

교육의 문제

시각을 바꾸려면 노력과 준비가 필요하다. 시각을 바꿀 수 있는 것은 교육이지 명령이 아니다. 이러한 교육은 여느 교육과 마찬가지로 익숙함을 통해 이루어진다. 신체가 남다른 사람들을 자주 만나면 익숙해진다. 그러면 더 이상 우리의 눈은 상대방의 신체장애에 머물지 않고 상대방 그 자체에 향하게 된다. 처음 보면 흠칫 놀랄 정도로 중증 장애를 가진 마르셀 뉘스도 자꾸 보다 보면 익숙해진다. 그다음에는 장애를 지닌 몸에 가려 보이지 않던 새로운 매력이 보이게 된다. 이처럼 남다른 점이 불편하게 보이지 않고 개성으로 보이려면 연습이 필요하다.

　장애인이든 비장애인이든 사회생활에 온전히 참여할 수 있을 때 타인의 시선에서 자유로울 수 있다. 그래야 평범하지 않은 외모를 보고도 깜짝 놀라지 않고 시각에 매몰되는 것이 아닌 보이지 않던 새로운 매력에도 관심을 가질 수 있게 된다. 누군가를 바라볼 때 집중하는 것이 무엇이냐에 따라 그 사람이 달리 보이는 법이다. 또 우리가 사회의 어떤 위치에 있느냐에 따라 상대방에게 주목받는 부분이 다르다. 나뮈르대학교의 미셸 메르시에Michel Mercier 교수는 시각장애인이다. 메르시에 교수는 유머를 곁들여 이렇게 말했다. "부유한 장애인은 부유층이 되고 가난한 장애인은 그냥 장애인입니다!" 마찬가지로 스티븐 호킹[86]은 다른 사람들의 눈에 장애인이라기보다는 천문학자였다! 개개인의 재능을 마음껏 펼칠 수 있는 세상일수록 신체장애를 바라보는 우리의 눈은 편견에서 자유로워질 것이다.

겉모습이 아니라 다른 방식으로 눈에 띄고 싶어 하는 사람들도 있다. 온라인으로 사람들과 소통하는 경우도 있기 때문이다. 신체장애로 인해 편하게 말을 할 수 없는 사람들은 온라인 메시지를 통해 다른 사람과 소통한다. 다른 사람과 직접 만나는 것보다 효과적인 소통 방법이 있다고 확신할 수는 없지만 우리의 눈을 편견에서 자유롭게 만드는 데에는 온라인 만남도 도움이 된다. 온라인 소통을 하면 장애인이 구경거리가 아니라 우리처럼 글을 쓸 수 있는 평범한 사람이라는 사실을 배울 수 있다. 상대를 있는 그대로 바라보기 어려운 이유는 단순히 장애라는 문제 때문만은 아니다. 우리의 눈이 훈련되어 있지 않아서다. 남다른 신체를 가진 사람들을 바라보는 눈, 서로를 외모가 아닌 전반적으로 바라보는 눈이 제대로 훈련되어 있지 않다. 평범하지 않은 몸에서 아름다움을 볼 수 있다면 진정한 시각 혁명이 일어날 수 있다.[87]

괴물 안에 깃든
아름다움

La beauté
des monstres

안 카롤 | 엑스마르세유대학교 현대사 교수, 프랑스 고등교육연구소 명예 회원

너무나 추한 것을 보면 괴물 같다는 말을 하기도 한다. 그럼 반대로 괴물 같은 것은 전부 추할까? 답은 그리 간단하지 않다. 괴물에 대한 정의와 괴물의 형태가 매우 다양하기 때문에 괴물을 분류하는 일은 단순하지 않다.

미적 가치를 넘어

고대와 중세에 나오는 괴물들은 잠시 잊자. 그 시대에는 상상과 현실의 경계가 분명하지 않았다. 우리가 다룰 것은 좀 더 최근의 괴물들이다. 그렇다면 괴물이란 무엇일까?

괴물은 평범한 신체에서 매우 벗어나는 존재를 뜻한다. 난쟁이, 거인, 장터에서 보이는 피골이 상접한 사람이 여기에 해당된다. 키가 너무크거나 작거나 몸이 심하게 뚱뚱하거나 말라도 괴물 같은 취급을 받는다. 평균적인 모습이나 미의 기준에서 벗어나면 괴물로 분류된다. 보기편안한 몸을 기준으로, 이보다 너무 못하거나 과하면 괴물이 된다는 뜻이다.

또한 세상의 질서를 흐트러뜨리는 존재도 괴물이라고 한다. 괴물의 몸은 균형이 뒤틀어져 있거나 무엇인가 많이 부족하거나 어느 부분이 흉하게 튀어나온 것이 특징이다. 머리가 두 개 달린 몸, 쟁반에 놓인 상체, 하나 더 달린 다리도 괴물로 취급된다. 알 수 없는 형태가 괴물이라고 할 수 있다. 레오나르도 다빈치가 황금 비율로 그린 비트루비우스적 인간Vitruvian Man의 비율이 심하게 깨진 형태가 괴물인 셈이다.

생명체의 경계를 어지럽히는 존재도 괴물이 된다. 자웅동체와 수염을 기른 여성은 성별 구별을 어지럽히고 개의 모습을 한 남성이나 암탉의 모습을 한 여성은 종의 구별을 흐트러뜨린다. 어떤 괴물들은 미완성의 형태를 띠고 있다. 머리가 없거나 머리와 몸이 한 덩어리인 인간 괴물은 과연 진짜 인간이 맞는 것인지 의심을 불러일으킨다.

끝으로 괴물에게는 남다른 특징이 있다. 괴물은 흔하지 않은 존재라는 것이다. 괴물은 오래 살 가능성이 적기 때문에 희귀하다. 따라서 괴물을 보는 일은 특이하고 잊을 수 없는 경험에 속한다.

괴물 뒤에 숨은 창의력

괴물의 기원을 어디에 두느냐에 따라 괴물을 인식하는 방식이 달라지기도 한다. 18세기까지는 형이상학적인 설명과 유물론적인 설명이 함께 존재했다. 프랑스 외과의사 앙브루아즈 파레Ambroise Paré는 1573년에 괴물을 여러 종류로 분류했다. 우선, 구걸을 시키기 위해 만든 괴물들이 있다. 아이들을 상자나 통에 가두어 난쟁이로 만들거나 성인 남성들의 다리나 팔을 잘라 장애인으로 만드는 경우다. 물리적인 이유나 화학적인 이유로 만들어진 괴물들도 있다. 정자의 이상, 지나치게 좁은 자궁, 혹은 충격 때문에 기형아처럼 보이게 된 사람들이 여기에 속한다. 어머니의 상상 때문에 괴물이 된 사람들도 있다. 태어날 때부터 몸에 흉한 흔적이 있는 사람들이 여기에 속한다. 끝으로 초인적인 힘 때문에 괴물이 된 사람들이 있다. 이들은 악마의 장난이나 신의 분노로 괴물이 되었다고 여겨졌다.

어느 정도로 추한 모습이냐에 상관없이, 어떻게 신이 불완전하고 정상에서 벗어난 괴물을 만들 수 있었을까? 흔히 괴물을 악마의 작품 혹은 죄에 대한 벌로 보는 일이 많다(악마와의 결합, 동물에 대한 지나친 애착, 근친상간 등). 그래서 괴물을 두려워 하거나 혐오스럽게 본다. 하지만 괴물이 실제로 신이 만든 것이라고 생각하는 사람들이 있었다. 그래서 이들은 괴물을 배척하거나 비난하는 것을 민감하게 받아들인다. 프랑스 철학자 미셸 에켐 드 몽테뉴Michel Eyquem de Montaigne는 이렇게 말했다. "우리가 괴물이라고 부르는 사람들은 신의 입장에서 보면 괴물이 아니다. 그야말로 지혜로운 신은 선하고 균형 있는 존재만 만들어낸다. 다만 우리 인간이 괴물이라는 존재 뒤에 숨어 있는 질서와 비율을 보지 못할 뿐이다."(『수상록』 2권 30장)

18세기 초 과학 아카데미의 학자들은 샴쌍둥이를 괴물 취급하며 논쟁을 벌였다. 이것만 봐도 괴물은 복잡한 존재라는 것을 알 수 있다. 가령 샴쌍둥이가 나름 완벽한 균형미를 보여주는 괴물로 신의 전지전능함을 보여준다는 주장도 있었다. 샴쌍둥이는 신의 자유로운 창의력을 보여주는 걸작품이라는 것이다. 이에 대해 반박이 이루어졌다. 샴쌍둥이를 괴물로 보며 자궁에서 난자 두 개가 결합해 우연히 생겨난 기형이라고 주장이었다. 정상 궤도에서 벗어나 이상한 모양을 한 괴물이라는 주장이다. 19세기에는 과학이 발전하던 시기였고 따라서 괴물을 초인적인 힘이 아닌 세계 질서의 관점으로 재해석 했다. 근대 기형학(혹은 괴물 연구)의 아버지로 불리는 에티엔 조푸루아 생틸레르Etienne Geoffroy Saint-Hilaire는 종류와 상관없이 모든 생물은 모양에서 일관적인 법칙을 따르는데 괴물 같은 존재는 이 같은 법칙에서 벗어난다고 했다. 따라서 태아가 어느 단계에서 발육을 멈추어 미숙아가 될 때 괴물 같은 모습이 된다는 것이다. 과학자들은 그 원인을 밝히기 위해 노력했고 여러 실험을 시도하다가 몇십 년 후 인큐베이터를 발명했다. 생틸레르의 아들 이지도르는 다양한 기형아의 종류를 명쾌하게 분류해 오늘날까지 그의 분류를 사용한다.

학자, 철학자, 신학자 들은 괴물에도 아름다움이 깃들어 있다고 주장한다. 그리고 괴물의 태생이 어떻든 간에 놀라운 창의력을 보여준다는 것이다. 생틸레르는 1839년 과학 아카데미에서 머리가 붙은 샴쌍둥이를 가리켜 "인체의 기적", "감탄할 정도로 독특한 연결", "멋진 아이들"이라고 소개했다.

감상의 대상이 된 괴물들

괴물들이 찬사를 받으면서 남다른 감상의 대상이 되었다. 괴물의 역사를 살펴보면 그들은 학문을 넘어 예술품처럼 감상의 대상이 되었고 장식품 역할을 하는 이들도 있었다. 유럽 왕실은 희귀한 기형아들에게 큰 매력을 느꼈다. 그래서 왕실에는 난쟁이들이 많았다. 디에고 벨라스케스Diego Velázquez의 그림 속에도 난쟁이들이 등장했다. 반인반수처럼 생긴 남성들이나 수염 난 여성들도 화제가 되었다. 다모증인 암브라스 증후군을 앓던 곤잘부스 가문은 17세기 프랑스와 이탈리아 공작들의 집에 여러 번 초대를 받았다. 특이한 신체를 가진 사람들을 그려달라는 초상화 주문도 있었다. 후세페 데 리베라Jusepe de Ribera가 나폴리 부왕의 의뢰를 받아 그린 수염 난 여성이 대표적이다. 18세기와 19세기에는 기형아들을 출연시키는 공연이 많았다. 루이세바스티앵 메르시에Louis-Sébastien Mercier나 쥘 발레Jules Vallès가 연출한 작은 공연에서부터 영화 〈위대한 쇼맨〉의 실제 인물 피니어스 테일러 바넘Phineas Taylor Barnum의 쇼 같은 비즈니스 쇼에 이르기까지 다양했다. 1841년과 1868년 사이에 바넘 쇼는 뉴욕에서만 관람객 4100만 명의 관람객을 맞이했다. 공연의 주인공은 괴물이라 불리는 사람들이다. 나무토막 같은 남성, 해골 같은 여성, 원숭이를 닮은 여성, 소두증 환자, 비정상적인 비만 환자, 옷을 차려 입은 거인, 머리가 붙은 샴쌍둥이, 모래를 삼키는 사람, 특이하게 생긴 곡예사들이 출연했다. 이들 중에서 세계적인 스타가 탄생하기도 했다. '탐 푸스 장군'이라는 별명으로 불린 난쟁이 샤를르 스트라턴Charles Stratton이 대표적이다. 특이한 신체를 이용해 돈을 벌고 싶어 하는 사람들도 있다. 수염 난 여자로 유명해진 클레망틴 딜렛Clémentine Delait은 카페를 열어 호기심 많은 손님들을 불러모았다. 이처럼 박물관의 돈줄이던 스타 '괴물들'이 제 갈 길을 찾아가자 박물관에서는 괴물 출연진들을 밀랍 인형으로 만들어 전시했다. 파리에 있는 스피츠너박물관은 기이한 형제, 샴쌍둥이, 엉덩이가 비정상적으로 튀어나와 유명해진 호텐토트족 여성(호텐토트 비너스)을 밀랍 인형으로 선보였다.

　기형적인 사람들이 출연하는 쇼를 보러가는 관객들의 심리는 무엇일까? 관객들의 심리, 쇼에 출연하는 사람들의 감정을 정확히 알기란 어렵다. 다만 쇼를 기획하는 사람들이 노리는 감정은 무엇인지 알 수 있다. 바로 사람들의 호기심이다. 대중은 호기심이 생겨야 쇼를 보러 간다. 괴물이 어떤 극적인 스토리에 나오면 괴물의 특이한 점, 특히 흉한 몰골이 더욱 부각된다. 털로 뒤덮인 늑대 인간이 날고기를 맛있게 먹으면 구경하던 관객들은 겁에 질려 하면서도 쇼에서 눈을 떼지 못한다. 반대로 특이하게 생긴 괴물 같은 인간에게 평범한 일을 시켜 호기심을 부추기는 방법도 있다. 더구나 공연 예술에서 특이한 신체를 가진 괴물 같은 사람들은 관객들의 더 큰 호응을 받을 수 있다. 난쟁이나 여성 샴쌍둥이가 출연하면 더 화제가 되는 공연도 있다. 영국과 미국에서 공연을 한 샴쌍둥이 자매 밀리와 크리스틴 맥코이는 악기를 연주하고 노래를 부르면서 '머리가 둘 달린 꾀꼬리'라는 별명으로 불렸다. 키나 몸무게가 서로 완전히 정반대인 사람들을 출연시키는 쇼는 관객들의 웃음을 자아내기 위해서였다. 따라서 관객이 괴물들의 공연을 보도록 하는 감정은 호기심, 공포, 혐오, 놀림에 가까운 것이었다.

다른 감정도 나타날 수 있다. 신기하게 생긴 몸을 보면서 충격을 받으면서 자신의 현재 모습에 안심을 하기도 하는 것이다. 굳이 종교나 학식에 의존하지 않아도 기형아들을 보면서 관객들은 마음의 안정을 얻기도 한다. 이때 관객들이 추구하는 것은 강렬한 재미, 시각적인 충격, 우월감이다. 괴물처럼 희한하게 생긴 인간과 마주하면 상대적으로 정상인 자신의 모습에 안도감, 나아가 우월감을 느낄 수 있다. 마치 인간 동물원에 가는 기분일 것이다.

의학, 윤리, 사회적으로 본 괴물들

20세기가 되면서 괴물들을 전시하는 풍경이 사라졌고, 동시에 신체적으로 기형인 사람들을 웃음거리로 만드는 일도 정당화되지 않았다. 여기에는 여러 가지 이유가 있다. 우선, 의학이 발달하면서 괴물 취급을 받던 신체장애자들이 치료를 받을 수 있게 되었다. 간단한 이상부터 심한 장애까지 희귀병과 장애로 분류할 수 있게 된 것이다. 그 결과 흔히 언청이라고 낮잡아 부르던 입술갈림증처럼 치료를 하면 비장애인이 되는 일도 생겼다. 20세기 초에는 머리가 붙은 샴쌍둥이의 분리 수술이 성공을 거두면서 언론의 주목을 받았다.

의술의 힘으로 끔찍한 괴물 같은 모습의 사람도 비장애인처럼 보일 수 있었다. 의학 덕에 괴물 취급받던 사람이 환자로 분류되면서 동정을 받는 일이 많아졌다. 영화 〈엘리펀트 맨〉으로 유명한 조지프 메릭Joseph Melrrick이 좋은 예다. 다발성 신경 섬유종을 앓던 조지프 메릭은 의사 프레더릭 트레비스Frederick Treves 덕분에 서커스단에서 나와 치료와 재사회화 과정을 거친다. 트레비스는 외모에 가려진 메릭의 고귀함이 드러나게 했다. 이는 영화 속의 일만은 아니다. 현실에서도 괴물처럼 생긴 신체장애자들을 윤리적인 입장에서 바라보는 일이 늘어나고 있다.

살인자들을 가리켜 괴물이라고 부르는 일이 있다. 이 경우에는 외모가 흉한 사람들과 마찬가지로 기괴한 심성을 보여주는 범죄자들이다. 죽인 사람의 수가 엄청나거나(연쇄살인범), 행동이 짐승만도 못하거나, 인간으로서 해서는 안 될 짓을 하거나, 인간의 본성을 벗어나는 짓(사디즘, 인육 먹기, 존속살해)을 하는 살인자들이 괴물로 불린다. 언론에 대서특필되는 괴물 같은 살인자들은 외모가 전혀 흉하지 않고 오히려 멀

쩡하다. 문학에서도 진정한 괴물은 우리가 생각하는 것과 달리 아름다운 외모로 우리 앞에 나타날 수 있다는 메시지를 전한다. 괴물처럼 비뚤어진 마음을 가진 사람은 외모가 어떻든 괴물 같다는 것이다. 빅토르 위고Victor Hugo(『웃는 남자』, 『노트르담 드 파리』) 혹은 토드 브라우닝Tod Browning(『프릭스』)이 전하는 메시지이기도 하다. 20세기 말에는 의학적인 관점에서 괴물이 탄생하는 경우가 주목을 받았다. 알코올 중독과 매독 때문에 기형아로 태어난 아이들이다. 난쟁이, 미숙아, 소두증이 이에 속한다. 이렇게 태어난 아이들은 선천적인 기형이 아니라 부모가 윤리적으로 바람직하지 않은 행동을 하거나 위생을 제대로 지키지 않아 후천적으로 기형이 된 경우다. 이렇게 태어난 기형아들은 마치 죄의 산물처럼 괴물로 취급받는다.

세계대전 때문에 괴물과 같은 사람들이 "마법에 풀린 것처럼"(인류학자 장자크 쿠르틴Jean-Jacques Courtine의 표현) 튀어나왔다. 전쟁에서 팔다리가 잘리거나 안면 부상을 입은 남성들이 수천 명 생겨난 것이다. 이들의 모습은 보고 있기 힘들 정도로 끔찍했다. 진짜 괴물과 경쟁할 수 있을 정도로 흉한 모습을 하게 된 이들은 분명 희생자다. 그래서 이들을 단순히 괴물과 같은 종류로 취급할 수 없다. 이들의 깊은 상처를 치료하기 위해 발달한 것이 첨단 정형수술이다. 정형수술이 발달하면서 미용 성형수술이 일반화되기 시작했다. 아이가 태어나기 전에 치료를 하거나 유전병을 치료하면서 기형아들을 고치는 사례가 많아지기도 했다.

오늘날에는 인간을 가리켜 '괴물'이라고 부르는 자체가 문제가 된다. 괴물로 낙인을 찍힌 사람은 사회에서 매장될 수도 있다. 너무나 심각한 문제다. 그래서 신체장애자들을 지칭하는 말도 순화되고 있다. 예전에 비해 신체장애를 가진 사람들도 평범하게 살아가고 있기는 하지만 여전히 외모 때문에 수치심과 열등감을 느낀다. 심각한 비만, 다모증 환자, 키가 너무 작은 사람은 마음속으로 창피함을 느끼며 움츠러든다. 성형수술이 기막히게 발전한 세상에 살고 있지만 신체장애자에 대한 편견은 여전히 줄지 않고 있다.[88]

신체이형장애, 특정 부위에 대한 집착

La dysmorphophobie,
ou l'obsession de
l'imperfection physique

삶을 풍성하게 하는 윌북의 책들

바보의 세계 _ 한 권으로 읽는 인류의 오류사

어리석음의 지분은 늘 악의 지분보다 컸다

장프랑수아 마르미옹 엮음 | 박효은 옮김 | 22,000원

거울 앞 인문학 _ 아름답지 않아도 정말 사랑할 수 있을까

세상의 미와 추에 관한 가장 입체적인 갑론을박

장프랑수아 마르미옹 엮음 | 이주영 옮김 | 16,800원

처음 보는 비밀 미술관

소설처럼 흥미진진한 세계 미술 명작의 비화들

데브라 N. 맨커프 지음 | 안희정 옮김 | 28,000원

원소의 이름 _ 118개 원소에는 모두 이야기가 있다

신화와 과학을 넘나드는 색다른 세상 읽기

피터 워더스 지음 | 이충호 옮김 | 18,000원

새의 언어 _ 새는 늘 인간보다 더 나은 답을 찾는다

330여 점의 일러스트로 만나는 조류의 사생활

데이비드 앨런 시블리 지음 | 김율희 옮김 | 이원영 감수 | 19,800원

willbooks@naver.com | 031.955.3777

트렌드를 만드는 윌북의 책들

스토리의 과학 _ 팔리는 브랜드에는 공식이 있다

모든 마케터의 스토리텔링 바이블

킨드라 홀 지음 | 이지연 옮김 | 16,800원

IT 좀 아는 사람 _ 비전공자도 IT 전문가처럼 생각하는 법

디지털 시민으로 가기 위한 필수 교양서

닐 메타 외 지음 | 김고명 옮김 | 17,800원

후크 포인트 _ 3초 세상에서 승리하는 법

강력한 브랜드를 만드는 콘텐츠 전략

브렌단 케인 지음 | 김고명 옮김 | 16,800원

문장 교실 _ 글쓰기는 귀찮지만 잘 쓰고 싶어

한 문장도 못 쓰다가
소설까지 쓰게 된 이상한 글쓰기 수업

하야미네 가오루 지음 | 김윤경 옮김 | 15,800원

디테일 사전 _ 작가를 위한 배경 연출 가이드 시골 편 + 도시 편

이야기의 힘은 디테일에서 나온다

안젤라 애커만 외 지음 | 최세희 외 옮김 | 각 22,000원

willbooks@naver.com | 031.955.3777

칼린 마주달라니 | 전문 임상심리학자, 정신 질환과 불안장애를 다루는 전문가

외모의 특정 부위가 흉한 단점으로 보여 병적으로 집착하는 병을 가리켜 신체이형장애, 혹은 추형공포증dysmorphophobie이라고 한다. 신체이형장애는 특별히 이상이 없는데 특정 외모 부위가 유독 커다란 흠으로 보여 집착하는 열등감으로, 정신 질환이라고 할 수 있다. 신체이형장애의 대상은 몸의 어느 부위든 될 수 있으나 특히 얼굴에 집착하는 환자가 많다. 코, 머리카락, 털, 피부(여드름, 안색, 주름, 상처), 눈, 미소, 치아, 입술, 귀 같은 부위가 대상이 된다. 그 외에도 가슴, 허리, 배, 무릎, 허벅지, 성기, 발, 엉덩이도 대상이 될 수 있다. 또한 키, 근육 등도 신체이형장애의 대상이 되기도 한다.

상상 속의 단점

이처럼 외모의 특정 부위가 단점처럼 도드라져 보여 계속 강박적으로 생각하는 사람은 불안감이나 정신적인 스트레스에 시달린다. 자신을 부정적으로 보고 열등감에 빠지기도 하고 자꾸 거울을 본다든지 주변으로부터 괜찮다는 소리를 들어야 안심이 된다든지 단점으로 보이는 부

분을 감추거나 애써 보지 않으려 하는 등 이상 행동을 한다. 자신의 이미지를 스스로 왜곡해서 보게 되면 혼자 수치심에 빠져 말로 표현하지도 못하는 상황이 된다. 흔히 연애를 잘하지 못하거나 사람들을 피하거나 우울증에 시달린다.

신체이형장애 환자는 스스로 큰 단점이라 생각하는 외모의 특정 부위가 다른 사람에게도 분명히 단점으로 보여 놀림이나 따돌림을 당할 것이라고 상상하며 불안해한다. 이처럼 신체이형장애에 걸리게 되면 자신의 신체 부위를 왜곡해서 보거나 정신적으로 신경 쓰게 된다. 그런데 사실 근본적인 문제는 외모가 아니다. 신체이형장애 환자가 큰 문제로 생각하는 특정 부위는 제3자의 눈으로 보면 별 것 아닐 때가 많다(매부리코, 여드름, 머리카락). 그런데도 이들은 거울을 보면서 신체의 특정 부위에 계속 신경 쓰며 고민한다. 그래서 스스로 단점이라고 생각하는 부위를 감추기 위해 여러 가지 방법을 사용한다.

- 옷으로 문제의 부위를 가린다. 혹은 조명을 피하거나 다른 사람 곁에 가까이 가려고 하지 않는 등 특정 행동이나 자세를 취한다.
- 화장품을 지나치게 많이 구입한다.
- 피부과, 내분비과, 치과, 성형외과를 찾아간다. 그러면서도 꼭 가야 하는 신경정신과에는 가지 않는다.

문제는 여러 미용 제품과 치료를 통해 외모가 나아져도 자신의 신체를 부정적으로 보는 심리는 해결하지 못한다. 강박관념과 충동(강박관념을 쫓기 위한 반복적인 행동)을 오가는 악순환과 비슷하다. 회피할수록 불안감에 사로잡히거나, 반대로 불안감에 사로잡혀 회피하는 악순환이다.

의심할수록 더 확인해보고 확인할수록 더 불안해하는 것이다. 자신의 모습을 제대로 보지 못하면 강박관념이 계속된다. 결국 신체이형장애 환자는 정신적으로 피폐해지고 우울해져 자살하고 싶다는 생각을 하거나 자살을 행동으로 옮긴다.

신체이형장애는 아직 제대로 알려지지 않았고 치료법도 부족하지만 흔히 충동성 강박증과 혼동된다. 신체이형장애와 충동성 강박증은 강박관념과 이에 따른 충동적 행동을 보인다는 점에서는 비슷하지만 다른 점도 있다. 우선, 신체이형장애는 강박증의 대상이 한 곳에 집중되어 있다(환자가 문제라고 생각하는 외모의 특정 부위). 반면에 충동성 강박증은 강박증 대상이 여러 가지다(균형, 의심, 전염, 공격성, 수집, 종교, 성적 행동 등). 그리고 충동성 강박증 환자는 스스로 비합리적인 강박관념이 있다는 것을 알지만, 신체이형장애 환자는 스스로 정신적인 문제가 있다는 것을 잘 인식하지 못한다. 신체이형장애 환자는 자신의 상태를 의심하기 보다는 분명 문제가 있다고 보고 강박관념을 더 강화한다.

신체이형장애는 스스로 열등감을 가지면서 표현을 하지 않기 때문에 단순한 열등감과 다른 특별한 정신 질환이다. 그렇다고 신체이형장애가 단순히 자신의 몸에 불만이 있는 평범한 심리도 아니다. 신체이형장애 환자는 자신을 객관적으로 보지 못하고 진짜로 외모의 특정 부위에 문제가 있다고 확신한다. 강박적 충동 행위를 하는 환자가 하는 의심보다 심각한 상태다. 신체이형장애 환자는 외모의 특정 부위에 심각한 열등감을 느끼면서도 창피해 제대로 말을 못하기도 하지만 회피하기 위해 고민을 털어놓지 않기도 한다. 강박관념에 지친 신체이형장애 환자는 너무나도 보기 괴로운 외모의 특정 부위를 고치고 싶다는 생각을 한다. 그들은 거울에 중독되거나 거울을 혐오하며 거울과 남다른 관계를 맺는다. 즉, 아예 거울을 피하거나 너무 오랜 시간 거울을 본다. 거울에 심하게 중독될 경우에는 교통사고의 위험이 있는데도 운전 중에 거울을 보기도 한다. 신체이형장애 환자는 거울의 늪에서 헤어 나오지 못하며 거울을 좋은 거울(모습을 멋지게 비춰주는 거울)과 나쁜 거울(단점을 부각시키는 거울)로 나눈다. 별로 이상이 없는데도 신체의 특정 부위를 단점이라고 생각해 그곳에만 신경 쓰다 보니 신체를 전체적으로 보지 못하고 자기 자신을 부정적으로 바라보는 심리에서 벗어나지 못한다.

신체이형장애는 버림 받을까봐 두려워하고 비판에 예민하게 반응하는 등 조울증(감정의 기복이 심한 정신 질환)과 비슷하지만 신체에 강박관념을 가지고 공포심을 느낀다는 점에서 차이가 있다. 이 장애를 앓게 되면 타인과 정서적으로 가까워지는 일도 꺼리게 된다. 타인과 감정을 나누는 일을 전염병처럼 위협적으로 생각해 피한다. 신체이형장애 환자는 주로 외모에서 자존감을 느끼기 때문에 신체의 특정 부위나 흠이라고 생각되는 신체 부분을 정체성과 동일시한다. 외모의 특정 부위에 만족을 못해 자아에 상처를 입고 다른 사람들에게 버림을 받을 것이라 믿으며 불안해한다.

신체이형장애 환자의 전형적인 증상

신체이형장애의 근본적인 원인에 대해 연구하는 이론 대부분은 오랫동안 정신분석학을 기준으로 정신 질환과 연결해 생각했다. 신체이형장애 환자 내면의 억압된 심리를 원인으로 보는 것이다. 예를 들어 코는 남근을 상징한다. 최근의 심리학 이론에서는 신체이형장애 환자의 정서, 정체성, 불안정한 삶에 주목한다. 우리의 정체성이란 타고난 감성과 삶의 경험이 만나 탄생하는 산물이기 때문이다. 신체이형장애 환자는 기본적으로 소심하기 때문에 내성적이고 지나치게 신중하며 공포증을 안고 있다. 신체이형장애 환자는 완벽주의자일 가능성이 있어서 실현 불가능한 이상적인 외모의 기준을 목표로 세워 놓을 것이다. 외모에서 완벽함을 추구하다 보니 정신적으로도 신경을 많이 쓰고 시간도 많이 필요한데 목표를 이룰 수 없다 보니 자괴감이 크다. 지나치게 까다로운 성격으로 스스로 피곤함을 자처한다. 자신에게 지나치게 엄격해 별것 아닌 신체적 단점까지 모두 찾아내 집착하기도 한다. 그 결과 다른 사람들에게 웃음거리가 될 것이라는 두려움에 사로잡혀 부정적인 감정과 고민에 빠진다. 이들은 특히 신체와 관련된 비판에 민감하게 반응한다(특히 스스로 큰 단점이라고 생각하는 신체 부위에 대한 비판일 경우). 비판을 받으면 수치심을 느낀다. 그리고 인간관계를 맺지 않으려 하는 성향이 있어서 사람들을 가식적으로 대하거나 필요할 때만 짧게 관계를 맺거나 한다(섹스 할 때만 만나는 경우). 그 결과 신체이형장애 환자는 사람들과 정서적 친밀감을 나누지 못한다. 자존감이 낮은 신체이형장애 환자는 자신의 가치를 오직 외모에서만 찾고 끝없이 자신과 타인을 왜곡된 방식으로 비교한다. 자신이 지닌 아름다움은 과소평가하고 타인이 지닌 아름다움은 높게 평가하는 것이다. 신체이형장애 환자는 외모의 아름다움에만 집착하기 때문에 아름다움과 추함에 감정적으로 민감하게 반응하고 아름다움을 지나치게 중시한다. 그만큼 신체이형장애 환자는 심리적으로 취약하다.

신체이형장애 환자는 트라우마 경험이 있다. 예를 들어 어릴 때 감정적, 성적, 신체적으로 불쾌한 경험을 했거나 사람들 앞에서 넘어져 망신을 당했거나 마음에 상처를 입었거나 병, 스트레스, 심한 거절을 경험했다. 이러한 충격으로 자신의 외모가 아무렇지 않은데도 왜곡된 시선으로 바라보고 자신을 있는 그대로 존중하고 받아들이지 못한다. 자기 자신을 그대로 보지 못하는 셈이다. 일단 신체이형장애에 걸린 사람은 자신의 외모에 조금이라도 변화가 있으면 신경을 곤두세우고 부정적으로 바라본다. 즉, 신체이형장애 환자는 자기중심적으로 스스로에 대해 왜곡된 정보를 가진다. 외모에 자신이 없다보니 늘 불만족스럽고 자존감도 낮아지고 우울해진다. 하지만 이들이 과장해서 받아들인다는 사실을 기억하자. 그래서 살면서 실제로는 비판을 받은 적도 없는데 비판을 많이 받은 것처럼 과장해서 이야기한다. 놀림을 받으면 지나치게 심각하게 생각하고 비판에 지나치게 알레르기 반응을 보이기도 한다.

문화와 생물학

한 사람이 자신을 바라보는 과정 속에서, 그리고 미의 기준을 가지게 되는 과정에서 문화의 영향을 많이 받는다. 완벽한 외모를 동경하는 것은 사회적 압력이 있어서다. 우리는 TV, 거리, 쇼핑, 인터넷, SNS 등 일상에서 완벽한 신체와 미의 기준을 질리도록 세뇌받으며 살아간다. 더구나 획일적인 미의 기준에 노출되다 보니 누구나 외모에 단점이 있을 수 있고 사람마다 몸매와 신체적 특징이 다르다는 점을 깜빡한다. 사회가 점점 아름다운 얼굴과 날씬하고 조각 같은 몸매를 높은 가치로 매기다 보니 외모 지상주의가 강해지고 우리의 정체성에서 아름다움이 차지하는 위치가 너무 높아졌다. 사람들이 자신의 가치를 외모에 따라 정하고 건강과 행복과 같은 잠재적인 가치는 키우지 못한다. 특히 이러한 현상은 젊은층(아동과 청소년)과 외모에 민감한 사람들 사이에서 심하게 나타난다. 외모 지상주의를 부추기는 사회적 압력도 신체이형장애를 부추기는 원인이 될 수 있다.

생물학적으로 보자면, 외모에 민감하게 반응하고 두뇌에 장애를 일으키는 유전자가 있다는 사실이 유전자 연구와 신경 과학 연구에서 밝혀졌다. 두뇌에는 정보를 전체적으로 처리하는 영역이 있는데, 이 덕분에 신체를 전체적으로 파악할 수 있게 된다. 하지만 신체이형장애 환자의 두뇌를 관찰해보면 이 영역의 활동이 활발하지 않다. 그래서 신체이형장애 환자는 외모를 전체적으로 파악한 다음 부분을 하나하나 보는 것이 아니라 얼굴에서 특정한 부분에만 집착한다. 신체이형장애는 신체에서 마음에 안 드는 특정 부분에 매몰되어 나머지 부분에 신경을 쓰지 않고 자신의 정체성도 문제의 특정 신체 부위에만 연결해 생각하기 때문에 매우 특이한 질환이다. 신체이형장애의 원인은 복잡하고 다양하다. 다른 정신 질환과 마찬가지로 신체이형장애도 신경생리학적 요소, 심리학적 요소, 사회문화적 요소가 서로 맞물려 일어나기 때문이다. 그러나 신체이형장애 연구는 아직 걸음마 단계다.[89]

날 진정으로 아껴준다면
신체의 한 부분을 잘라주세요!

"선생님, 이런 코라면 당장 잘라버리겠습니다!" 〈시라노 드 벨주라크 Cyrano de Bergerac〉에 나오는 대사다. "왼쪽 다리 좀 잘라주세요, 선생님. 부탁입니다! 이것은 제 다리가 아니에요!" 이건 현실 속 대사다. 정체성 과 신체와 관련된 정신 질환으로 영어로는 신체절단애호증BIID라고 한 다. 정신과 연보에서 밝힌 BIID 환자 사례는 300건이다. BIID 환자는 자 신의 팔이나 다리(주로 왼쪽)가 자신의 것이 아니기에 어떻게 해서든 없 애버려야 한다는 망상에 시달린다. BIID 환자의 두뇌를 촬영해보니 왼 쪽 신체와 관계된 우뇌에서 이상이 발견되었다. 왼쪽 신체 부위가 마음 에 안 든다는 생각이 강해 우뇌 상단에 있는 소엽 부위가 제대로 활동 하지 않는다. 소엽은 촉각과 시각 감각을 종합적으로 파악해 우리 몸을 전체인 하나로 파악할 수 있게 해주는 부위다. 이유는 정확히 모르겠지 만 BIID 환자의 두뇌는 마음에 안 드는 신체 부위를 이물질로 생각한다. 마음에 안 드는 신체가 잘린 것처럼 목발을 짚거나 휠체어를 타고 다니 거나 마음에 안 드는 방향의 팔을 등 뒤로 숨기면서 행복감을 느끼는 BIID 환자도 있다. 이렇게 보면 BIID 환자는 마치 자신과 반대되는 성별 처럼 옷을 입고 다니다가 수술을 받을 생각을 하는 트랜스젠더와 같다. 한마디로 BIID 환자는 온전히 자기 자신을 느끼기 위해서는 팔이든 다 리든 한 쪽만 있으면 된다.

2000년에 한 외과 의사가 BIID 환자 두 명의 다리 각각 한 쪽씩을 수술로 절단해주었고 앞으로도 이런 수술을 해줄 거라고 말했다가 맹비난을 받았다. 이후로 BIID 환자에 대한 수술이 과연 윤리적으로 옳은지 외과 의사들 사이에 논쟁이 벌어졌다. 신경생리학자 모 코스탄디Mo Costandi는 블로그에 장문의 글을 올려 BIID 환자의 수술에 찬성하는 입장을 밝혔다. BIID 환자가 요청하면 원하지 않는 신체 부위를 절단하는 수술을 해주어야지, 안 그러면 환자의 생명이 위험해질 수도 있다고 했다. 실제로 소총이나 집에서 만든 작두로 마음에 안 드는 쪽의 팔이나 다리를 자르려고 하는 BIID 환자들이 있다는 것이 모 코스탄디의 설명이다. 마음에 안 드는 부위의 팔이나 다리를 자르기 위해 불법 수술을 받을 준비가 이미 되어 있는 BIID 환자들도 있다. 실제로 어느 80대 남성은 멕시코에서 불법 수술을 받은 후 수술 부위에 괴저가 일어나 호텔 방에서 사망했다.

아직 제대로 알려지지 않은 BIID 증후군은 모호한 부분이 많지만 BIID 환자와 신체이형장애 환자를 혼동해서는 안 된다. 신체이형장애 환자는 신체의 어느 한 부분(예를 들어 코)이 끔찍하게 흉하다는 망상에 시달릴 때는 있어도 그 부분을 잘라달라고 하지는 않는다. 또한 BIID 환자를 절단된 부위에 페티시즘을 느끼는 환자나 팔다리가 잘렸다는 상상을 하며 에로틱한 쾌락을 느끼는 환자와도 혼동해서는 안 된다. 팔다리가 잘렸다는 상상을 하면서 쾌락에 빠지는 환자에 대해서는 독일의 정신의학자 리하르트 폰 크라프트 에빙Richard von Krafft-Ebing이 1886년부터 20세기 초까지 사례를 조사해 유명한 저서 『광기와 성Psychopathia Sexualis』을 펴냈다. 그리고 사지를 절단한 로맨티스트와 혼동해서도 안 된다. 1785년, 한 쪽 다리만 있는 여성의 마음을 얻으려는 마음에 자신의 한 쪽 다리를 자른 영국 남성이 있었다. 그는 의사를 무기로 협박해 다리 절제 수술을 받았다. 이 남성의 절절한 구애에 여성의 마음이 움직였는지는 잘 모르겠다. 나는 손 하나도 자를 마음이 없다.

장식으로 보는
아름다움의 양면성

*Ambivalences
de la beauté dans
les parures corporelles*

다비드 르브르통 | 스트라스부르대학교 사회학 교수

장신구로 치장하는 이유 중 하나는 아름다워지기 위해서다. 장신구 치장은 세상에 자신을 드러내고 고유의 미학을 만들어내는 수단으로, 인간만큼 역사가 오래되었다. 장신구는 헤어스타일을 꾸미거나 천연염료로 피부를 꾸미는 등 목적에 맞게 여러 모양으로 만들어졌다. 요즘 사회에서는 사람들이 개성을 드러내기 위해 몸치장을 하지만 전통 사회에서는 특정 집안, 집단, 연령대를 표현하기 위해 했다. 또한 사회적 지위를 나타내거나 다양한 의미를 드러내기 위한 수단이었다. 예를 들어 성적 매력을 높이기 위해서, 남성이든 여성이든 성인이 되었음을 표시하기 위해서, 특정 집단 소속임을 보여주기 위해서, 아름답게 꾸미고 장식하기 위해서, 다산의 매력을 보여주기 위해서, 개성을 뽐내기 위해서, 서열을 드러내기 위해서, 부적 같은 효과를 누리기 위해서, 신성함을 드러내기 위해서, 신의 제물이 되기 위해서, 죽은 이를 애도하기 위해서, 무언가 흔적을 남기기 위해서 몸치장을 하는 것이다. 이처럼 특정 그룹 안에서 인간은 자신의 지위에 따라 몸에 표시를 하거나 몸을 변형시키거나 몸의 일부를 없앴다. 입, 손, 발처럼 외부와 직접 접촉하는 신체 부분을 특히 화려하게 치장할 때가 많다.

몸치장으로 보는 세상

우리는 몸에 무엇인가를 더해 꾸민다(매니큐어, 진흙, 문신, 화장, 분, 피부 이식, 흉터, 보석, 치아 미백, 치아 땜질, 머리카락 붙이기…). 혹은 몸에 무엇인가를 빼며 꾸민다(할례, 포경수술, 음부 봉쇄 수술, 제모, 신체 절단, 신체에 구멍 내기, 치아 뽑기, 치아 스케일링). 혹은 우리는 신체의 일부를 다듬으며 꾸민다(목, 귀, 입술, 발, 머리, 코). 피부를 꾸밀 땐 그 부위 일부가 푹 들어가거나 튀어나온다. 어떤 모양을 추구하든 피부 안에 집어넣는 재료로는 뼈, 상아조각, 나무조각, 조개껍질, 돌, 발톱 등이 있다. 피부 위에 기하학 무늬를 새겨서 피부가 푹 들어가도록 할 수 있고 툭 튀어 나오게 할 수 있다. 또 주로 가슴, 등, 손, 다리, 발, 혹은 얼굴에 집단 고유의 표식을 무늬로 새긴다. 또한 피부 위에 무엇인가를 새겨서 메시지처럼 사용하기도 하고 주변을 둘러싼 보이지 않는 존재와 소통하는 수단으로 사용하기도 한다. 전 세계 다양한 사람들이 몸을 아름답게 꾸미기 위해 반지, 팔찌, 발찌, 목걸이, 귀걸이, 코걸이, 입술걸이를 만들어냈고 이러한 장신구 재료로 나무, 금속, 새털, 조개껍질 등을 사용했다. 예를 들어 부족에 따라 입술을 꾸미는 장신구 재료로 돌, 진흙, 뼈, 상아, 혹은 석영을 사용했다. 가장 오래된 장신구는 아프리카의 차드 호수 근처에서 발견된 암석 조각으로 만들어졌는데 신석기시대의 것이다. 아메리카 원주민은 물론 마야인이나 잉카인은 아이들의 이마에 평평한 판을 대거나 다른 방법을 사용해 코 높이에 맞춰 평평하게 만들었다. 마야 사람들은 사시를 아름답다고 생각했다. 마야의 어머니들은 아이들을 사시로 만들기 위해 눈앞에 작은 고무를 매달아 움직일 때마다 계속 고무에 시선을 집중하게 했다.

맨 피부든 옷을 입는 방식이든 헤어스타일이나 털 관리든 문화의 흔적을 간직하기 위해 몸을 꾸미는 것은 인간의 본능에 속한다. 인간은 세상을 잣대로 아름다움을 추구한다. 세상 속에 존재하려는 의지에서 벗어나려는 인간 사회는 없다. 모든 인간 사회에서 인간의 몸은 공동체와 연결된다. 피부는 문화의 흔적이 새겨지는 표면과 같다. 몸에 새겨지는 흔적은 구체적인 문화 배경이 있을 때에만 의미가 있으며 문화 배경에서 떨어져 나갈 때는 원래의 의미를 잃게 된다. 피부에 새기는 흔적은 남녀 구별을 강조할 때가 많다. 남성의 피부에 새겨진 문신은 용맹과 공적을 나타내고 여성의 피부에 새겨진 문신은 다산, 유혹의 의미를 지닌다. 문신마다 특징이 있다. 공동체의 구성원이 전쟁이나 사냥에서 공을 세울 때마다 이에 맞는 흔적을 남긴다. 예를 들어 마오리족 족장은 얼굴에 문신(모코)을 새겨 신분을 구별한다. 처음에 마오리족이 유럽인들과 접했을 때 마오리족 족장은 얼굴의 문신을 명함처럼 보여주었다. 문신을 새겨주는 사람들은 어떤 영감을 받느냐에 따라, 문신 시술을 받는 사람이 누구냐에 따라 디자인을 바꾼다. 태평양에서는 사람마다 하고 있는 문신이 다 다르다. 타투이스트는 전통적인 문양을 중심으로 새로움을 추구하는 예술가이기 때문이다. 뿐만 아니라 사용하는 방식이나 의뢰자의 요청에 따라 문신 무늬가 달라진다.[90] 이렇게 한껏 꾸민 몸은 세상을 반영하며 개성을 드러내는 상징이기도 하다.

19세기 일본의 서민들은 초라한 사회적 지위를 높여서 보여주기 위해 문신을 사용했다. 소방수, 노동자, 뱃사공, 가마꾼, 인력거꾼이 여기에 속했다. 당시 일본의 구조대원 막내는 옷차림이 열악해 조끼만 걸칠 때가 많았다. 말단에 속한 사람들은 제대로 갖춰 입지 못해 심리적으로 생긴 공허함을 화려한 문신으로 채웠다.[91] 문신은 위험으로부터 보호해

주는 부적 역할을 했다. 서민들은 감히 될 수 없는 사무라이 계급과 차별화하기 위해 문신으로 용맹함과 인내심을 보여주었다. 사회적으로 낮은 계급에 속했지만 나름의 위엄과 개성을 문신으로 표현하고자 했다.

아프리카 니제르에 사는 유목민 보로로족은 소떼가 소금으로 적신 풀을 먹으며 힘을 비축하는 두 달 동안, 1년에 한 번 미남 대회를 열어 신붓감을 찾는 퍼레이드를 벌인다. 보로로족 남성들은 온몸에 시어 버터를 바르고 머리를 다듬고 얼굴에 화장을 해서 한껏 꾸민 후 가장 멋진 장신구(진주와 깃털로 장식된 모자, 목걸이, 팔찌, 터번, 유리 세공 장식)를 단다. 이렇게 해서 여성들의 평가를 받는다.[92] 여성들은 가장 멋진 남성들을 고르기 위해 애쓴다. 누바족은 보디페인팅을 이용해 멋을 부리며 특별한 스타일을 선보이는 것으로 유명하다. '누바'라는 말이 '몸을 꾸민다'는 뜻이다. 그들의 서로 다른 문신을 통해 외모를 중시하는 누바족의 성향을 알 수 있다. 몸을 아름답게 가꾸는 것이 단점을 없애는 의미로 통할 때도 있다. 동물 문양의 문신은 특별한 의미가 있는 것이 아니라 아름답게 보이기 위해서였다. 등을 따라 기린 모양의 문신을 새기는 것이 좋은 예다.[93]

몸의 성적 매력

문신은 사회적인 의미만 있는 것이 아니다. 이성을 유혹하기 위해 문신을 하기도 한다. 몸에 아름다움과 성적 매력을 불어 넣기 위해서다. 아프리카 모잠비크의 샹간족 여성들이 스컬리피케이션(피부에 상처를 내어 만드는 문신)을 받는 이유는 남성들에게 더욱 섹시하게 보이기 위해서다. 프랑스의 인류학자 클로드 레비스트로스Claude Lévi-Strauss는 브라질 카두베오족이 얼굴이나 몸에 장식을 하는 이유가 상대방에게 기쁨을 주기 위해서라고 했다. 장신구의 전통적인 의미는 이미 사라진 것이다. "현재 여성들이 유지하는 풍습은 섹시하게 보이는 데 도움이 되는 풍습입니다. 카두베오족 여성들의 풍습은 파라과이강 양안에서 잘 알려져 있습니다. 이들 여성의 풍습인 스컬리피케이션은 인간의 몸에 새기는 예술과 같습니다. … 피부에 바르는 분도 스컬리피케이션만큼 강렬하지는 않을 겁니다."[94] 남태평양 마르키즈제도의 문신은 성적인 매력을 높이기 위해 생겨났다. 이와 관련된 전설이 있다. 하마타키가 신 '투'를 만났다. 하마타키의 눈에 신은 매우 슬퍼 보였다. "왜 그렇게 슬픈 얼굴을 하고 있습니까?" 하마타키가 신에게 물었다. "아내가 날 버리고 무신론자들에게 가버렸거든요." 그러자 하마타키가 이렇게 말했다. "아내를 되찾고 싶다면 문신을 새겨 멋진 모습을 하세요. 몰라보게 멋있어진 모습을 본 아내가 되돌아올 겁니다. 어서 해보세요!" 하마타키는 신에게 문신을 새겨주었다. 문신을 한 투는 몰라보게 매력적이 되었고 모든 여성들이 따랐다. 그 모습을 본 신의 아내가 서둘러 되돌아왔다. 그 후로 모든 사람이 몸에 문신을 하고 싶어 했다.[95] 16세기 말 일본 에도시대에 성적인 매력을 세련되게 강조한 문신으로 '이레보쿠로'가 있었다. 이레보쿠로는 점을 찍어 넣는 문신이다. 연인 둘이서 각자 손목에 먹으로 점을 찍었다. 두 사람이 손을 잡으면 점과 점이 만났다.[96] 역시 에도시대에 유곽에서도 문신이 행해졌다. 겉으로는 거의 눈에 보이지 않는 문신인데, 술을 마시거나 따뜻한 물에 몸을 담그면 문신이 나타났다.《르 몽드 디플로마티크Le Monde Diplomatique》일본 특파원 필립 퐁스Philippe Pons는 일본 유곽 여성들이 에로틱한 느낌을 더하기 위해 몸에 새긴 조형적인 문신을 묘사했다. 여러 개의 발로 여성의 다리를 감싸고 여성의 성기에 빨판을 꽂고 있는 거대 문어 그림이 대표적이다.

수치심과 자부심 사이에서

사회마다 미의 기준이 다르기 때문에 매력적으로 보는 몸의 모습도 다르다. 미의 기준은 본질적으로 주관적이다. 서로 다른 개인들이 모여 사는 사회라면 반드시 그렇다. 배우자가 아름답다고 감탄하는 남성은 친구들의 냉소적인 미소가 보이지 않는다. 사랑에 빠지면 눈이 멀기 때문에 상대방이 마냥 아름답게 보인다. 아름다움은 시각적으로 기쁨을 준다. 문화권에 관계없이 인간이라면 본능적으로 아름다움을 추구한다. 하지만 장소와 시대에 따라 아름다움의 형태와 의미가 달라진다. 아름다우냐 추하냐는 주관적이다. 그렇기 때문에 아름다움과 추함의 기준은 보편적으로 정하기가 힘들다. 같은 것이라도 어떤 사회에서는 아름답다고 생각하고, 또 다른 사회에서는 추하다고 생각한다. 옛날 아프리카 혹은 아메리카의 어떤 원주민들은 윗입술이나 아랫입술을 기괴할 정도로 길게 늘어지게 만들었다. 지금 보면 매우 이상한 풍습이다. 옛날에는 아름답게 생각한 것이 지금은 별로 아름답지 않게 보일 수 있다. 옛 체제의 귀족이나 부르주아가 외모를 멋지게 꾸미려고 사용한 애교 점, 새하얀 분칠, 가발은 요즘 사람들에게 거부감을 준다. 민속학자 로베르 졸랭 Robert Jaulin은 아프리카 사라족이 하는 의식을 생생하게 체험해보려고 했으나 얼굴에 스컬리피케이션을 해야 한다는 말에 포기하고 말았다.[97] 의식을 거부한다는 것은 사라족 안에 녹아들기 싫다는 의미로 통했다.

그렇다면 사라족과 동등하게 대우를 받기는 힘들게 된다. 뺨에 스컬리피케이션을 하는 행위는 사라족 마을과 파리 생미셸 거리에서의 의미가 완전히 다를 것이다.

마찬가지로 예전에는 얼굴과 몸에 새겨진 문신은 공동체에 속한다는 자부심이자 아름다움을 뜻했다. 즉, 문신은 공동체의 일원, 조상들과의 연결, 우주와의 관계를 뜻했다. 하지만 도시화와 세계화가 진행되면서 문신의 전통적인 의미는 사라졌다. 옛날 아프리카에서 문신은 젊은 이가 성인 남성이나 여성이 되었다는 표시를 하는 것이었으나 요즘 아프리카 도시에서 문신은 자신의 존재를 지나치게 드러내는 낙인이다. 이제는 개인이 공동체에 속한다는 표시를 하기 위해서가 아니라 개성을 드러내기 위해서 문신을 한다. 전통적인 공동체에서 분리된 개인이기 때문이다. 프랑스 작가 칸구이 알렘Kangui Alem은 얼굴에 기다란 줄무늬를 스컬리피케이션으로 새긴 사라족 여성의 이야기를 소개했다. 이 여성은 고향 마을에 살았을 때는 스컬리피케이션이 자랑스러웠지만 지금은 창피해한다고 말한다. 어느 NGO에서 인권을 위해 일하는 이 여성은 얼굴에 새겨진 줄무늬 문신 때문에 아프리카 도시나 유럽 도시들을 방문할 때마다 사람들의 시선이 부담스럽다고 했다. 초등학교에서 대학까지 여러 번 학교에서 놀림을 받으며 '부적이 새겨진 얼굴', '영원한 무기', '철로가 새겨진 여자'라는 말을 들었다고 한다. 아름답다는 기준은 객관적이지 않다. 식물이든 동물이든 돌이든 물건이든 보는 사람에 따라 아름답다고 느끼기도 하고 그렇지 않다고 느끼기도 한다. 아름다움의 기준은 하나 뿐인 전통이 아니라 세상에 따라 변하고 의미도 다양하다.

전통사회에서 문신은 공동체에 소속되고, 종교, 사회, 세계관의 가치를 따른다는 뜻이었다. 하지만 현대 사회에서 문신은 각자의 아름다움을 추구하기 위한 수단이기 때문에 문양도 개인의 선택이다. 더 이상 문신은 문화, 사회적 가치를 반영하는 수단이 아니라 각자의 아름다움을 표현하는 수단이 되었다. 이처럼 문신은 개인적인 의미를 지닌다. 성적 매력을 강조하는 문신은 개성을 더해주는 수단이다. 자신의 정체성을 표현하는 수단으로 주로 사용되게 된 문신은 몸이 개인의 것이라는 생각을 갖게 해준다. 성적인 매력과 아름다움을 강조해주는 문신에는 다양한 개인적인 의미가 있다. 가까운 사람, 특정 사건, 특정 비극 혹은 특정한 성공 경험을 기억하기 위해서, 삶의 불행을 막아주는 부적으로 사용하기 위해서 문신을 새긴다. 문신은 마음에 힘을 불어 넣어주고 사회적으로 이목을 끄는 것이 중요해진 세상에서 자신만의 개성을 표현하게 해주는 방식이다. 외모를 드높이는 문신은 이성을 유혹하는 수단이다. 이처럼 다른 사람들과 스스로에게 의미를 부여한 몸을 보여주고 자신의 존재를 알리는 수단이다.[98]

성형수술의
대단함과 부작용

GRANDEURS ET MISÈRES DE
LA CHIRURGIE ESTHÉTIQUE

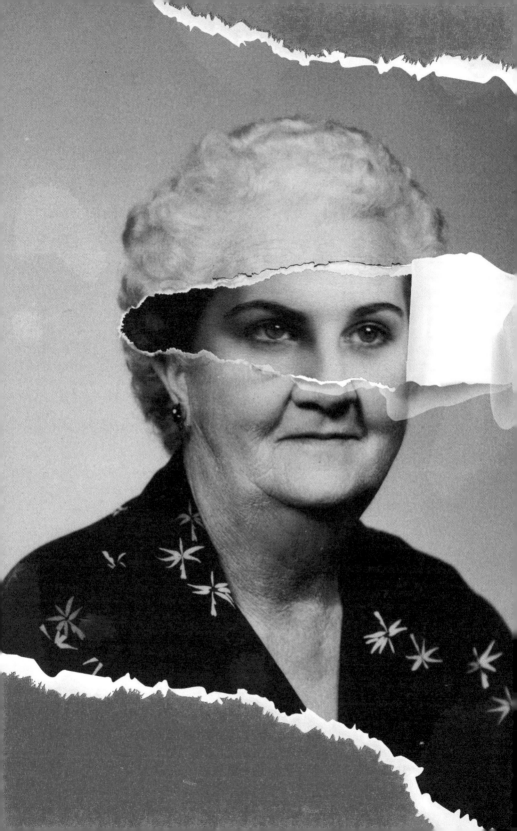

●

아가트 기요 | 인문사회과학 잡지 《시앙스 위멘》 편집장

"아름다움은 행복의 길을 약속한다." 스탕달Stendhal이 한 말이다. 실제로 높은 코를 갖고 싶다는 꿈, 늘어져서 보기 흉한 살을 없애버리고 싶다는 꿈, 굴곡 있는 날씬한 몸을 가지고 싶다는 꿈을 꾸어보지 않은 사람이 있을까? 운동, 다이어트, 화장품으로도 외모를 아름답게 바꿀 수 없다면 성형수술이 그나마 편안한 방법처럼 보일 수 있다. 성형수술이야말로 노력을 덜 들이고도 기적을 경험하게 해주는 수단처럼 보인다. 돈만 넉넉하다면 원하는 만큼 성형수술을 받을 수 있지 않은가. 하지만 이런 속담이 있다. "풀은 다른 곳에서는 더 이상 푸르게 자라지 않는다." 마찬가지로 굳이 필요하지 않은 성형수술을 받으면 원하던 행복을 얻지 못할 수도 있다.

성형수술의 역사

사람들은 언제나 자신의 몸을 더 아름답고 매력적으로 만들고 싶어 한다. 그래서 등장한 것이 화장, 장신구, 문신, 스컬리피케이션, 피어싱이다. 이집트와 인도에서는 일찌감치 성형수술이 등장했다. 실제로 입술

갈림증을 고치는 수술이 행해졌다. 성형수술이 본격적으로 등장한 것은 1792년 인도에서였다. 영국군 병사가 받은 코 수술이다. 이마의 살을 떼어내어 망가진 코를 복원하는 수술이었다. 코 수술이 처음으로 언급된 것은 힌두교 경전 『베다경』이다. 19세기 이탈리아에서는 가스페레 타그리아코치Gaspare Tagliacozzi라는 의사가 새로운 종류의 코 수술을 했다. 팔의 피부를 일부 잘라내 코를 높이는 수술이었다. 중세에는 인간의 외모를 바꾸려는 일은 신의 영역에 속했기에 처벌까지도 받을 수 있었다. 그래서 성형수술을 하는 의사들이 신의 손을 빌리겠다는 말을 했다.

손상된 신체를 복원하기 위한 성형수술을 넘어 미용 목적의 성형수술이 등장한 것은 19세기다. 독일의 의사 자크 요제프Jacques Joseph는 시행착오 끝에 미국에서까지 명성을 얻은 성형외과 의사가 되었다. 또 한 사람의 의사로는 뉴질랜드 출신의 괴짜 의사 헤럴드 길리스Harold Gillies[99]가 있다. 제1차 세계대전 때 얼굴에 부상을 입은 군인들이 수술을 받으면서 안면 성형수술의 세계가 본격적으로 시작되었다. 전투에서 군인들이 심한 부상(턱과 두개골 부상)을 당하면서 외과 의사들은 수술 지식을 더 쌓게 되는 계기가 되었고 몇 달 동안 수술을 계속하면서 병사들의 얼굴을 고칠 수 있게 되었다.

정형수술, 복원수술, 성형수술

정형수술, 복원 수술, 성형수술은 묘하게 다르다. 정형수술은 선천적 혹은 후천적 기형을 고치는 수술이다. 복원 수술은 말 그대로 병 때문에 손상된 신체를 되돌리는 수술이다(유방암 수술을 받은 환자의 가슴 복원 수술, 화상 환자가 받는 피부 이식수술). 치료 목적의 정형수술과 복원 수술은 중요한 수술이기 때문에 건강보험 적용이 된다. 환자들이 심리적, 정신적으로 건강하게 살아갈 수 있게 돕는 수술이기 때문이다. 가슴이 없거나 화상 자국을 간직한 채 살아갈 수는 있겠지만 정신적, 사회적으로 온전히 살아갈 수 있을까?

성형수술은 엄밀히 말해 병이나 신체 이상이 없는데도 미용 목적으로 받는 수술이다. 어릴 때는 귀엽다는 소리를 듣는 양배추꽃 모양의 귀나 들창코가 언제부터인가 열등감처럼 느껴질 때 받는 것이 성형수술이다. 미용 목적의 성형수술은 환자의 심리와 관계되기 때문에 논란이 되기도 한다. 그리고 미용 목적의 성형수술은 보험이 적용되지 않는다. 미용 목적의 성형은 꼭 필요한 수술이 아니기 때문이다. 프랑스를 포함한 다른 여러 나라가 치료 목적이냐 미용 목적이냐에 따라 건강보험 적용이 정해진다.[100]

순수 미용 목적의 성형수술에 대해 다루기에 앞서 기억해야 할 중요한 내용이 두 가지 있다. 첫째, 어느 부위를 전문으로 다루든 외과 의사들은 전문가들이다. 자신의 전문 분야(리프팅, 지방 흡입) 수술은 일상적인 작업이기는 해도 수술 방식(이식, 절제)이나 수술 부위(얼굴, 성기, 가슴)에 따라 아주 복잡한 작업으로 다가올 수도 있다. 어쨌든 수술은 마취가 이루어지기 때문에 환자에게 위험할 수 있고 수술 후유증의 위험도 있다. 둘째, 코를 세우든 쌍꺼풀을 만들든 가슴을 확대하든 성형수술에는 위험 부담이 여러 가지로 따른다. 따라서 미용 목적이건 치료 목적이건 환자는 수술을 받기 전에 의사와 상담을 해야 한다. 의사는 필요한 정보를 모두 제공해야 하고 환자의 상태(건강 상태, 나이, 직업, 습관, 인생 계획, 가정환경)를 잘 살펴야 한다. 그래야 환자가 약 15일 동안 좀 더 생

각하고 고민한 후에 확실히 수술을 받겠다고 결정을 내릴 수 있다.[101]

2018년 프랑스 여론연구소Ifop가 행복과 건강을 주제로 앙케트를 실시한 결과[102] 미용 목적의 성형수술은 아직 프랑스에서 일반화 되지 않았음을 알 수 있다. 미용 목적의 성형수술을 받았다고 한 프랑스 여성의 비율은 겨우 10퍼센트였다. 전체 사회계층과 전 연령대를 골고루 조사한 결과다. 그런데 한 가지 주목할 사항이 있다. 2002년부터 2009년 까지는 가슴 수술이 특별히 많이 이루어지지는 않았다(2002년에는 9퍼센트, 2009년에는 19퍼센트). 그런데 요즘은 가슴 수술이 전체 성형수술의 49퍼센트를 차지할 정도로 급증했다! 예전에는 코 성형수술이 많았지만, 지금은 코 수술은 5퍼센트 밖에 안 된다. 그 외에 리프팅 시술은 4퍼센트, 주름살 없애는 시술은 12퍼센트를 차지한다.

거울아, 거울아

그런데 무엇 때문에 사람들, 특히 여성들이 위험을 감내하면서까지 성형수술을 받는걸까?(성형수술을 받는 남성과 여성의 비율은 25:75). 성형수술을 받으려면 마취, 피부 절개, 정형 과정을 거쳐야 한다. 영국 리즈대학교 사회학 교수 지그문트 바우만Zygmunt Bauman은 그 답을 '현금 사회'에서 찾고 있다. 극단적으로 소비사회가 되면서 개개인이 돈만 있으면 쇼핑을 하듯이 성형외과를 찾을 수 있게 되었다. 극단적인 개인주의가 발달하고 외모 지상주의가 심해지면서 바비 인형과 남자 친구 켄 인형과 닮고 싶다고 생각하는 사람들이 생기고 있다. 바비와 켄은 여성 잡지의 1면에 등장해 화제를 불러일으키고 있다.

과한 성형수술의 사례도 나오고 있다. 대표적으로 '캣 우먼'이라는 이름으로도 유명한 미국 여성 조슬린 와일든스타인Jocelyn Wildenstein이 있다. 백만장자 남편의 마음에 들기 위해 조슬린은 남편이 아끼는 고양이와 비슷한 모습이 되고자 여러 번 성형수술을 받았다. 하지만 결과는 참담했다. 기괴하게 변한 아내의 모습에 놀란 남편은 다른 여성의 품으로 가버린 것이다. 바비 인형의 남자 친구 켄 인형과 닮은 얼굴을 갖고자 브라질의 스튜어드 출신 로드리고 알베스Rodrigo Alves는 72번 넘는 수술을 받았다. 인간 켄이 되고 싶어 성형수술을 받은 로드리고는 현재 코가 내려앉을 위태로운 상황이다. 독일 출신의 모델 마르티나 빅Martina Big은 원래 전형적인 백인 여성의 모습이었으나 멜라토닌을 과하게 주입하는 수술을 받으면서 피부색, 머리카락 색, 눈동자 색이 점점 짙어졌다. 현재 마르티나는 아프리카식 이름인 '말라이카 쿱와'로 불린다.[103] 뿐만 아니라 마르티나는 가슴과 엉덩이를 지나치게 확대하는 수술을 받은 나머지 건강과 생명이 위태로울 정도다. 많은 사람들이 가슴과 엉덩이 확대 수술을 받고 있다. 잘못된 성형수술을 복원하는 과정을 그린 미국의 리얼리티 쇼 〈보치드Botched〉는 비슷한 내용을 다룬 자극적인 프로그램 〈익스트림 메이크오버Extreme Makeover〉에 비해 호평을 받고 있다. 〈보치드〉가 남다른 실력을 자랑하고 유명하지만 악명 높은 의사들을 내세워 말초적인 재미를 주어서도 아니고 성형수술의 천국 로스앤젤레스에서 촬영해서도 아니다. 지나친 미용 목적의 성형수술을 과하게 받으면 건강을 해칠 수 있고 인간의 몸은 한계가 있다는 메시지를 솔직하게 전하기 때문이다. 반대로 환자야 어떻게 되거나 상관없이 성형수술을 해주는 양심 없고 법도 모르는 의사들도 있다. 이 의사들은 히포크라테스의 선서문 중 "해로운 일을 하지 말 것"이라는 말을 기억할까? 결국 고소를 당하는 의사들도 있다. 하지만 얼마나 많은 비극이 벌어지고 사람들의 용감한 증언이 나와야 이런 양심 불량 의사들이 사라질까?

성형수술을 받으려는 사람들 중에는 정신적으로 문제가 있는 경우도 있다. 성형수술은 화장, 다이어트, 치료 등 다른 여러 방법과 비교했을 때 극단적인 방법이다. 그런데도 성형수술을 받으려 하는 사람들은 외모 콤플렉스를 극복하고 다른 사람들의 시선에 당당히 맞서려면 이 방법밖에 없다고 생각한다. 세계보건기구는 몸과 마음이 완전히 안정된 상태를 가리켜 '건강하다'고 정의했다. 성형수술을 받으려는 사람들의 심리 상태는 불안정한 경우가 많기 때문에 성형수술도 건강보험의 적용을 받아야 하는 것인지에 대해서는 확실하게 말하기 힘들다. 외모 콤플렉스로 성형수술을 받으려는 사람들이 특히 많은 나라가 한국이라고 할 수 있다. 1년에 120만 건의 성형수술이 이루어지는 한국은 미국, 브라질에 이어 성형 대국 3위이지만 자살률 또한 4위를 기록한다.[104] 높은 비율의 성형수술과 자살률 사이에는 어떤 관계가 있지 않을까?[105]

신체 예술, 예술 작품이 되는 인간의 몸

Body Art:
le corps humain
comme œuvre d'art

●

플로리안 에레로 | 루브르박물관 박물관 학사, 사진사

신체 예술은 그 이름만 봐도 무슨 뜻인지 바로 와닿는다. 그런데 사실 신체 예술의 종류는 상당히 다양하다. 신체 예술은 시대, 지역, 의미에 따라 크게 두 종류가 있지만 서로 연결되어 있다.

우선, 신체 예술은 몸 위에 직접 창작 행위를 하는 것이다(보디페인팅, 옷, 가면, 문신, 스컬리피케이션, 피어싱). 모든 대륙에서 행해지는 신체 예술은 사회 공동체에 소속되었음을 나타내는 수단이자, 동시에 개성을 표현하는 수단이다. 요즘에는 이런 종류의 신체 예술에 세계화 현상이 나타나고 있다. 특히 서구권에서는 문신과 피어싱이 인기다. 그런데 이번 글의 목적은 신체 예술이 정당한 것인지 분석하려는 것이 아니다.

한편, 다른 신체 예술 종류로는 현대 예술 분야에서 몸을 활용하는 예술이다. 주로 예술가가 자신의 몸을 사용해 예술 활동을 한다. 1960년 대부터 예술가의 몸은 감상과 분석의 대상이 되었다. 이번 글에서는 현대 예술에서 이루어지는 신체 예술을 집중적으로 다루어보려고 한다. 현대 예술에서는 더 이상 몸을 이상화하거나 모방하거나 파편적으로 보지 않는다. 현대 예술이 내세우는 몸은 실질적이고 물리적인 육체로 미의 기준에 맞춘 것이 아니라 변화하고 약하고 불완전한 몸이다.

1910~1920년대에 아방가르드 예술가들은 몸을 창작 도구로 활용하

기 시작했다. 다다이즘 예술가와 미래파 예술가들은 카페나 극장에서 소리와 움직임을 통해 신체 예술을 보여주었다. 1950~1960년대는 제2차 세계대전 이후에 찾아온 자유와 번영(일시적이지만)을 누리면서 미국, 프랑스, 일본의 예술가들이 갤러리나 공공장소에서 신체 예술을 선보였다. 여기서 보여주는 육체는 단순히 정적인 대상이 아니라 활동하는 대상이다. 과연 예술 작품이란 무엇인가를 물으며 기존의 관점을 뒤집는 시도다. 미국의 예술가 앨런 캐프로Allan Kaprow는 시리즈 작품 〈해프닝〉을 통해 관객의 참여를 이끌어냈다. 일본에서는 전위예술 그룹 구타이Gutai가 종이로 만든 화면을 지나가거나 진흙 위를 굴렀다. 프랑스에서는 이브 클랭Yves Klein이 〈인체 측정〉이라는 작품에서 여성들의 몸을 살아 있는 붓처럼 이용했다. 전부 몸을 창작의 매개체로 내세우는 공연이다. 인간의 몸은 단순한 도구가 아니다. 즉, 인간의 육체 자체는 의미가 없다. 육체 안에서, 육체에 의해 전하는 메시지가 있어야 비로소 육체에 의미가 있다는 뜻이다.

신체 예술과 페미니즘

이성애자인 백인 남성들이 장악하고 있는 아방가르드 예술을 비판하는 여성들의 목소리가 빠르게 높아졌다. 페미니즘이 발전하면서 이성애자 백인 남성 예술가들이 표현하는 여성의 육체가 전형적인 틀에 갇혀 있다는 비판을 받았다. 아울러 자신의 몸을 직접 예술의 소재로 사용하면서 여성과 여성성이라는 좁은 틀을 파괴하려 페미니즘 운동을 벌이는 여성 예술가도 많아졌다. 이때 소재가 되는 여성의 몸은 아름답고 관능적인 몸도 아니고 야한 몸도, 이상적이 여신과 같은 몸도 아니다. 바로 일상에서 보는 진짜 몸, 당당하고 자유로운 몸이다. 나체로 대중 앞에 선 여성 예술가들도 있어서 큰 충격을 줄 때도 많았다.

1969년, 발리 엑스포트Valie Export는 〈바지 활동: 음부Action Pants: Genital Panic〉에서 Y존 부분을 잘라낸 청바지를 입고 음부를 드러내는 공연을 선보였다. 발리 엑스포트는 영화관 밖에서 다리를 벌리고 앉아 누구든 마주치는 사람이 있으면 가만두지 않겠다는 듯 무기를 들고 있었다. 성과 폭력이라는 테마를 아우르는 파격적인 공연이었다. 같은 해, 발리 엑스포트는 〈터치 시네마Touch Cinema〉를 선보이며 상체를 상자로 가린 채 거리를 걸었다. 지나가는 사람들은 상자 안에 손을 넣어 그녀의 가슴을 만질 수 있었다. 발리 엑스포트가 이처럼 파격적인 공연을 선보이는 이유는 지금의 예술계는 너무나 보수적이기 때문에 파격적인 방식으로 일상을 파고들어야 여성의 이미지가 지니는 고정관념을 뒤집을 수 있다는 것이다.

1971년에 주디 시카고Judy Chicago도 다 사용한 탐폰 생리대를 질에서 꺼내는 장면을 담은 사진을 통해 파격적인 예술을 선보였다. 여성들에게는 일상적인 생리를 가감 없이 그대로 보여주는 이 사진은 사회와 예술계가 외면하는 소재에 도전한 것이다. 여성의 몸을 현실 그대로 보여준 주디 시카고의 사진은 남성들의 시각에서는 파격적이었다. 사진 제목도 〈붉은색 깃발Red Flag〉이다. 정치적인 메시지를 담은 주디 시카고의 사진은 기존의 코드와 상식을 건드리며 여성의 몸을 이해하고 받아들이는 남성의 방식을 뒤집었다.

마지막으로 캐롤리 슈니맨Carolee Schneemann은 〈인테리어 스크롤 Interior Scroll〉(1975)에서 나체로 연단에 선 다음, 질에서 종이 두루마리를 꺼내며 그 위에 적힌 페미니즘 선언을 읽어갔다. 이 공연은 보이지 않는 몸속의 힘, 여성의 몸이 지니는 힘을 강조한 것이다. 특히 생명과 힘이 근원이면서도 검열의 대상이 되어 보이지 않는 금기가 된 여성의 질이라는 공간을 표현 수단으로 삼은 예술이다.

사회 전반에 몸을 해방시키자는 운동이 펼쳐지면서 여성의 몸을 새롭게 인식하려는 움직임도 나타났다. 즉, 여성의 몸을 남성의 좁은 시선에서 해방시켜 아름다움과 순수함이라는 틀을 뛰어넘게 하자는 움직임이라고 할 수 있다.

성과 정체성 : 국경 없는 몸

성 정체성도 점차 논의되고 있었다. 남녀 구분 기준에 의문을 제기하는 연구들이 나왔다. 1990년대에 미국의 철학자이자 젠더 이론가 주디스 버틀러Judith Butler 교수는 남녀 구별은 생물학적인 성 자체보다는 사회적인 기준으로 이루어진다고 강하게 주장했다. 즉, 사회가 남성성과 여성성을 나누면서 남녀가 구별된다는 것이다. 예술가들도 몸을 소재로 기존의 남녀 구별에 의문을 제기했다. 예술가들은 신체 예술을 통해 우리가 사회로부터 부여받은 성 정체성에서 벗어날 수 있다는 것을 보여주었다. 이런 문제를 다루는 좋은 매개체로 사진이 있다. 성 정체성은 개인의 문제이자 집단의 문제라는 연구에 동참하기에 사진은 좋은 도구다.

1960년대 말부터 이미 스위스 출신의 예술가 우르스 뤼티Urs Lüthi는 자화상 사진 시리즈를 통해 양성적 모습을 연출했다. 남성에게도 여성적인 면이 있으니 사회의 눈치를 보지 말고 내면의 여성성을 길러야 한다는 것이 우르스 뤼티의 주장이다. 이 같은 메시지를 전하고자 우르스 뤼티는 당시 남자 친구인 에키의 모습을 따라했다. 사진 속에서 두 사람의 얼굴이 겹쳐 뒤섞였다. 남자 친구의 모습을 모방해 하나가 되려는 우르스 뤼티의 예술적인 시도였다.

레 보워리Leigh Bowery는 1980년대부터 런던의 인디 공연에서 주목을 받는 예술가였다. 레 보워리는 극단적이고 기괴한 변장과 남다른 창의성이 돋보이는 예술을 선보였다. 레 보워리가 사용한 것은 의상이었다. 매번 갈아입을 때마다 의상의 색깔은 진해졌고 느낌은 더욱 환상적이었다. 레 보워리가 디자인해 입은 옷은 공연 예술과 화류계 세계를 연결하는 매개체가 되었다. 독특한 예술 세계를 선보인 레 보워리는 대중과 팬들에게 지지를 얻었다. 양성적인 모습을 보인 우르스 뤼티와 달리 레 보워리는 눈에 띌 정도로 화려한 옷을 입으며 남녀 구별을 초월하는 가상의 인물을 만들어냈다.

모호한 성 정체성을 개인적인 삶과 연결시켜 표현한 예술도 있다. 두 명의 예술가 재커리 드러커Zachary Drucker와 리스 에른스트Rhys Ernst는 사진 일기를 통해 자신과 반대의 성으로 전환되는 과정을 담았다. 개인적 소재인 일기를 감성적으로 활용해 성 정체성을 찾아가는 과정을 보여주려고 한 시도였다. 두 사람의 사진 시리즈는 6년에 걸쳐 트랜스젠더가 되어가는 과정을 담고 있다. 트랜스젠더의 일상을 포착한 사진 시리즈 〈관계Relationship〉(2008~2013)는 트랜스젠더들의 일상을 고통스러우면서도 상징적으로 표현하며, 트랜스젠더가 단순히 몸이 변하는 문제가 아니라 사랑, 예술과 개인 정체성의 관계에서 소재가 될 수 있다는 메시지를 전한다.

몸의 한계

몸이 지닌 한계를 표현한 예술가들도 있다. 몸이 불완전하고 약하다는 메시지를 전하려는 예술가들은 관객 앞에서 고통과 위험을 직접 보여 준다. 이러한 예술적인 시도는 민감한 부분을 강하게 건드린다는 점에서 의미가 있다. 관객은 어느 정도까지 타인의 고통을 견딜 수 있을까? 어느 순간부터 타인의 고통을 그저 바라보고 마는 것이 아니라 공감하고 아무것도 할 수 없다는 사실에 죄책감을 느낄까?

1971년 크리스 버든Chris Burden은 〈총격Shoot〉 공연에서 친구 한 명에게 자신의 팔을 총으로 쏴 달라고 부탁했다. 캘리포니아의 어느 미술관에서 열린 이 충격적인 공연은 관람객들에게 베트남 전쟁의 공포를 직접 마주하게 하려는 취지로 무료로 이루어졌다. 크리스 버든은 짧은 시간 동안 미국 병사, 베트남 주민을 다양하게 연기하며 매일 총을 맞는 모습을 예술적으로 표현했다. 이를 통해 크리스 버든은 당시 사회가 지닌 폭력성을 고발하며 관람객들에게 현실과 마주하도록 했다.

한편, 마리나 아브라모비치Marina Abramovic는 자신의 목숨까지 걸면서 극단적으로 위험한 행위 예술을 해오고 있다. 실제로 마리나 아브라모비치는 예술, 인생, 개인의 삶을 전혀 구별하지 않는다고 주장하며 극단적인 예술 행위를 벌인다. 〈리듬 ORythm O〉(1974)에서 마리나 아브라모비치는 가장 직접적인 방식으로 관람객들과 마주했다. 아주 수동적이고 태연한 모습을 하고 관람객들에게 72가지의 물건을 가지고 자신의 몸을 원하는 대로 이용하라고 했다. 관람객들이 사용할 수 있는 물건 가운데는 올리브 오일, 초, 톱, 권총, 도끼도 있었다. 6시간 동안 관람객들은 쭈뼛거리다가 마침내 과감히 행동에 나섰다. '몸의 한계와 정신적인 인내'는 〈예술가가 여기에 있다The Artist is present〉의 중심 테마이기도 했다. 이 공연은 2010년 뉴욕 현대미술관에서 약 3개월 동안 열렸다. 이 공연에서 마리나 아브라모비치는 매일 8시간 동안 테이블 앞에 앉아 있었다. 관람객들은 맞은편 의자에 앉아 아무 말 없이 앉아 있을 수 있었다. 가끔 감정에 북받쳐 눈물을 흘리는 관람객들도 있었다.

1980년대부터 행위 예술을 통해 몸의 고통을 표현한 론 아테이Ron Athey는 언제나 논란을 불러일으켰다. 론 아테이는 자신의 예술 행위를 가리켜 '페티시즘을 이용한 치유'라고 설명했다. 자전적인 성격을 담은 행위 예술로 피를 보이는 자해 행동을 할 때도 많았다. 론 아테이는 자신의 예술이 도발적이고 극단적이라는 점을 인정했다. 에이즈 양성 환자인 론 아테이는 지인들 대부분이 에이즈로 사망하는 모습을 지켜봤고, 이를 창의적인 방식으로 표현하고자 했다. 4부작 〈혹독한 인생Harsh Life〉(1994)에서 론 아테이는 바늘로 자신의 몸과 머리를 찌르며 우울증, 질병, 중독과 싸우는 자신을 표현했다.

살 속으로

살과 피, 기분으로 이루어진 예술가의 몸은 예술적인 소재가 되기도 하지만 생물적인 특성을 지니고 있다. 예술가들은 자신의 몸으로 예술 활동을 하며 그 자신은 물론 관객에게도 카타르시스를 선사한다.

비엔나 전위예술의 회원 예술가들은 헤르만 니치Hermann Nitsch를 중심으로 무대와 현실의 경계를 넘나드는 음산하고 극단적인 공연을 선보인다. 여기서 인간의 몸이 직접 공격을 받는 것은 아니지만 치유와 정화

의식에 활용된다. 신비하면서도 끔찍하고 흥분되는 행위 예술로 제2차 세계대전의 폭력성을 고발한다고도 알려져 있다. 실제로 제2차 세계대전 때 인간의 몸은 도구처럼 사용되고 버림받았다. 헤르만 니치는 〈미스테리 극장〉 공연을 위해 1971년에 성을 한 채 구입했다. 성에서는 정기적으로 며칠간의 축제가 열렸다. 축제 기간 동안 배경음악 속에서 참가자들은 흰색 옷을 입은 채 와인, 피, 동물 내장을 만끽한다. 흥분되고 퇴폐적인 분위기의 축제를 통해 참가자들은 온몸의 감각을 깨우며 엑스타시를 경험한다.

이런 성격의 행위 예술은 지극히 개인적인 성격을 띠면서도 사회의 통념에 도전한다. 1969년 프랑스의 예술가 미셸 주르니악Michel Journiac 은 '미사'를 테마로 행위 예술을 선보였다. 이 공연을 위해 미셸 주르니악은 사제 훈련까지 받으며 엄숙한 태도를 배웠다. 미사 공연이 끝나면 미셸 주르니악은 자신의 피로 만든 부댕(프랑스식 순대)을 관람객들과 나누어 먹었다. 이 과정에서 예술가와 관객 사이의 경계가 무너졌다. 작품은 음식으로 변하며 장소와 파괴가 극단적으로 표현되었다. 미사와 신성모독을 오가는 예술 활동이라고 할 수 있다. 미셸 주르니악은 "몸은 모든 예술 행위의 출발점입니다"라고 말했다. 미셸 주르니악은 몸으로 하는 행위 예술을 통해 아름다움을 경험하게 해주고 물리적이고 정신적인 경험을 동시에 느끼게 해준다.

프랑스의 또 다른 유명 행위 예술가로는 오를랑Orlan이 있다. 오를랑은 1990년도부터 수차례의 성형수술을 받으며 서양 고전 미술 작품 속 인물들의 이목구비를 닮게 되었다. 프랑수아 부셰François Boucher의 작품에 나오는 유럽인의 입술, 모나리자의 이마, 보티첼리의 그림에 나오는 비너스의 턱을 가진 셈이다. 오를랑은 서양의 이상적인 미녀상을 자신의 방식대로 소화하기 위해 성형의 힘을 빌렸다. 하지만 결국 오를랑이 전하려는 메시지는 성형수술에 반대한다는 것이다. 오를랑은 미의 기준을 따르기 위해서가 아니라 자신의 방식대로 미의 기준을 비틀어 보고 싶어 했다. 오를랑의 행위 예술은 근본적으로 페미니즘의 성격을 띠었다. 오를랑은 여기서 멈추지 않고 관자놀이에도 필러를 넣어 완전 다른 얼굴이 되었다. 오를랑은 이 수술을 통해 예술뿐 아니라 광고나 미디어에서 보여주는 여성들과는 다른 여성의 이미지를 보여주려고 한다. 하지만 의도가 어떻든 오를랑은 일부 사람들에게는 기괴한 모습으로 보인다.

시대를 앞서나가는 몸

행위 예술가들은 육체를 극단적으로 변형시켜 몸과 기술의 관계를 묻기도 한다. 실제로 이들 행위 예술가들은 인간의 몸이 가진 한계가 어느 정도인지 궁금해하며 기계와의 융합을 추구한다.

이미 1960년대 말부터 레베카 호른Rebecca Horn은 '육체의 확대'라는 개념으로 조각 작품을 선보인다. 조각을 통해 인간의 육체가 지닌 허약함과 능력을 생각해보자는 취지다. 레베카 호른은 이를 위해 커다란 흰색 날개, 멀리까지 닿을 수 있는 기다란 장갑을 조각했다.

스텔락Stelarc의 작품은 예술과 과학, 생물학과 디지털의 경계를 넘나든다. 가장 유명한 작품으로는 〈제3의 손〉을 꼽을 수 있다. 스텔락은 일본의 엔지니어들과 협력해 제작한 로봇 팔을 여러 공연에서 착용했다. 스텔락은 몸에 전극을 부착해 근육 수축을 감지하는 방식으로 로봇 팔을 움직여 글씨를 썼다. 스텔락은 자신만의 방식으로 인간과 기술의 융합을 추구했다.

문 리바스Moon Ribas와 닐 하비슨Neil Harbisson 커플도 비슷한 시도를 선보인다. 두 예술가 커플은 실제로 사이보그가 되었다. 닐 하비슨은 2004년부터 머리 위에 안테나를 이식해 소리를 통해 색깔을 구별하게 됐다. 원래 닐 하비슨은 색맹으로 태어나 흰색과 검은색밖에 보지 못했다. 또 문 리바스는 팔꿈치에 진동으로 지진을 느낄 수 있는 센서를 이식했다. 두 예술가는 사이보그가 되어 인간의 몸으로는 느낄 수 없는 것을 인식하며 한계에 도전장을 내밀고 새로운 감각을 만들고 싶어 한다.

21세기는 점점 디지털화 되고 있다. 가상 세계에서의 정체성, SNS를 통한 정체성이 육신의 정체성보다 중시되고 있다. 또한 온라인 일상이 익숙해지고 있다(먹고, 마시고, 사귀고, 교류하고 사랑을 나누는 것이 스마트폰의 작은 화면으로 모두 이루어지는 일상). 온라인 필터를 통해 얼굴과 몸매도 보정할 수 있다. 여전히 육체라는 것이 존재할까? 아니면 우리는 모두 온라인 정체성을 새롭게 가지게 될까? 신세대 예술가 아말리아 울만Amalia Ulman이 끝없이 생각해낸 질문이다. 이를 시험하기 위해 아말리아 울만은 인스타그램에 가상 인물을 만들어 가상의 일상을 만들었다. 획일적인 미의 기준과 삶의 기준을 비판하는 온라인 공연이라고 할 수 있다. 신체 예술이 이처럼 온라인으로 이루어지는 일이 많아졌다. 새로운 형태의 신체 예술이라고 할 수 있지만, 역설적으로 몸은 실체가 없고 이미지와 개념으로 존재하게 된다. 인위적이고 디지털화가 된 몸이다.[106]

가볍게 살펴보는
문신의 역사

TATAU
UNE BREVE HISTOIRE
DU TATOUAGE

● 아가트 기요 | 인문사회과학 잡지 《시앙스 위멘》 출판사 편집장

불명예나 일탈로 취급받기도 하고 예술이나 소속감을 나타내기도 하는 문신은 그 자체로 존재감이 강하다. 문신의 역사는 인류의 역사만큼이나 길다. 장대한 문신의 역사를 전체적으로 다루는 것은 욕심일지도 모른다. 인상적인 내용을 중심으로 문신의 역사를 간단히 살펴보려고 한다.

자세히 관찰해보는 문신

2018년 프랑스 여론조사 기관이 프랑스 시사지 《라 크루아La Croix》의 의뢰로 문신에 대해 알아봤다.[107] 그 결과 프랑스 성인 18퍼센트가 현재 문신을 하고 있거나 문신을 한 적이 있다고 답했다.[108] 문신 경험이 있는 프랑스 성인의 비율은 2010년에는 10퍼센트, 2016년에는 14퍼센트에 불과했다. 그렇다면 영국과 미국은 어떨까? 문신을 경험한 성인의 비율은 영국이 21퍼센트, 미국이 31퍼센트로 나왔다.

  문신이 점점 우리 사회에서 많이 보인다. 그래도 아직 일상에서 대중화되지는 않았다. 브랜드 틴틴Tin-Tin[109]은 2009년에 바비 인형 탄생 50주년을 맞아 문신한 바비 인형을 선보였다. 이처럼 유명 브랜드들이 문신

을 소재로 활용하는 일이 종종 있지만, 여전히 문신은 소수가 즐기는 이미지로 남아 있다.

문신을 학문적으로 다루려면 다각적으로 봐야 한다. 문신은 역사적인 관점으로 다룰 수 있다(실제로 문신은 어느 시대든, 어떤 사회에서든 중요했다). 또 사회학 관점으로 다룰 수 있다(몸은 우리가 사회에 처음으로 보여주는 부분이다. 따라서 몸에 변화를 주는 것은 하찮은 문제가 아니다). 또 심리학 관점으로 다룰 수 있다(문신을 통해 개인이 자신과 맺는 관계가 달라질 수 있기 때문이다). 심리학자들은 문신에서 나름 중요한 자리를 차지하는 고통 문제에 특히 주목한다. 추구하는 대상이든 두려움의 대상이든 고통의 문제는 늘 존재하기 때문이다.

외치에서 좀비까지

역사적으로 가장 오래전에 문신한 몸이 발견되었다. 네안데르탈인 외치 Ötzi가 그 주인공이다. 외치는 1991년 오스트리아와 이탈리아 사이 알프스의 빙하에서 발견된 미라다. 외치는 관절을 치유할 목적으로 문신을 새긴 듯하다. 실제로 X선으로 촬영한 결과 외치가 문신을 한 부위는 전부 관절통이 있는 곳과 일치했다.

고대[110]에는 문신을 바라보는 시각이 두 가지였다. 긍정적인 시각과 부정적인 시각이다. 지금의 지식으로는 문신을 보는 시각이 언제부터 변했는지 정확히 알기 힘들다. 기원전 헤로도토스 시대에 문신은 그리스 귀족들이 신분을 표시하는 수단이었다. 그러다가 고대 로마 시대가 되면서 부정적인 이미지가 되었다. 이때 문신은 노예, 죄수, 혹은 도

둑에게 새기는 표시였다. 문신을 바라보는 부정적인 이미지는 중세까지 계속되었다. 문신은 이후 시간이 한참 지나 더욱 끔찍한 표식으로 사용되었다. 아우슈비츠 강제수용소에 갇힌 유대인들을 표시하는 도구로 문신이 사용된 것이다. 마치 인두로 낙인찍은 가축처럼 문신을 통해 인간성을 부정당한 것이라 할 수 있다.

다신교를 믿던 시대에 유럽 대륙에서 문신은 신비한 이미지였다. 켈트족을 조상으로 둔 북유럽의 많은 민족이 문신을 많이 한 것으로 보인다. 그러다가 3대 주요 일신교(유대교, 기독교, 이슬람교)가 득세하면서 문신은 부정적인 이미지가 되었다. 오늘날에도 콥트파 교인들 사이에는 문신을 볼 수 있다. 문신은 고대에 로마, 이집트, 그리스를 중심으로 흥했다. 이후 가죽협회, 프리메이슨, 템플기사단 사이에 소속감을 표시하는 도구로 사용되었다. 문신이 공식적으로 금지된 시기는 787년 아드리앙 1세 시대로, 교회는 문신을 금지했다. 당시 바티칸이 내세운 성경 구절만 봐도 문신이 금지되었음을 알 수 있다. "피부에 절대로 일부러 상처를 내지 말라. 죽음이 올 것이다. 몸에 절대로 무늬를 새기지 말라."(레위기 19:28) 하지만 독실한 기독교 신자들 사이에서도 문신의 흔적은 여전히 남아 있다. 십자군 병사들이 대표적이다. 십자군 병사는 전쟁 중 죽었을 때 문신으로 자신의 신앙을 나타냈다. 가톨릭 절차에 따라 매장해 달라는 무언의 요청이었다.

18세기에 유명 항해사들은 세계 탐험을 마치고 올 때 기억할 만한 추억을 몸에 문신으로 남겼다. 제임스 쿡James Cook은 1770년대에 폴리네시아를 탐험한 후 '문신tattoo'이라는 말을 처음 소개했다. 타이티어 타타우tatau에서 온 '문신'이라는 말은 원래 '새기다'를 뜻한다(ta와 atous가 합해진 말이 타투다. 타ta는 피부에 새기는 그림, 아투아스atouas는 영혼에 새기는 그림을 의미한다).

문자는 원주민 사이에서는 공동체에 소속되었다는 긍정적인 의미지만 서구권에서는 야만, 문맹인, 천박함을 상징하며 여전히 부정적인 이미지였다. 17세기에 문신은 해적, 일탈, 타락을 의미했기에 불량배, 죄수, 창녀의 상징으로 통했다. 그러다가 산업혁명이 일어나고 지방의 인구가 도시로 가게 되면서 문신을 전문적으로 해주는 타투이스트가 많이 생겨났다.

19세기 말에는 범죄인류학 연구가 활발했다. 여기서 문신에 대한 정보도 있다. 대표적인 연구서로는 프랑스 법학자 알레상드르 라카사뉴Alexandre Lacassagne가 인류학, 의학, 법학 관점으로 쓴 『문신Les Tatouages』(1881), 이탈리아 법의학자 체사레 롬브로조Cesare Lombroso가 쓴 『범죄인L'Homme Criminel』(1876)이 있다. 두 사람의 연구서는 지금 관점에서 보면 약간 황당한 부분도 있지만 문신을 연구하는 데 중요한 자료가 된다.

죄수들 외에도 선원들도 문신을 많이 한다. 선원들은 먼나라에서 보낸 추억, 연인에 대한 추억을 남기고자 문신을 하기도 하고 단순히 배 안에서 무료해 취미로 문신을 새기기도 한다. 국왕들도 배에서 시간을 보내다 보면 아마 문신을 했을 것이다. 실제로 조지 5세와 프레데릭 9세는 문신을 했다. 따라서 문신은 하층민의 전유물이라고 할 수만은 없다! 소문에 따르면 얄타회담 때 3개 연합국 대표로 모인 처칠, 루스벨트, 스탈린 모두 문신을 했다고 한다.

19세기 미국에서는 쇼맨 피니어스 테일러 바넘의 유명 서커스 등을 통해 문신으로 인기를 얻은 사람들도 있었다. 사이드쇼Sideshows든 프릭쇼Freak Show(장애인이 출연하는 서커스)든 문신을 한 남녀는 관객들의 호기심을 자극했다. 관객들은 수염 난 여성 혹은 세상에서 가장 힘센 사나

이에게 놀랐을 뿐 아니라 문신한 남녀를 보고도 놀랐다. 이렇게 문신으로 신비감을 주어 스타가 된 사람들로는 아이린 우드워드Irene Woodward, 캡틴 코스텐테너스Captain Costentenus가 있다. 하지만 아무리 인기가 있어도 문신한 인간은 서커스 동물과 같은 위치였다. 식민지 시대에 열린 만국박람회에서 구경거리로 전락한 아프리카 부족들과 마찬가지로 문신한 사람들도 인간으로서 존중을 받지 못했다. 문신에 얽힌 에피소드는 적지 않다. '좀비 보이'라는 이름으로 유명한 릭 제네스트Rick Genest가 있었다. 릭은 20대 때 뇌종양 수술을 받았고 이후 좀비 같은 외모가 되었다. 수술을 받고 그다음 해부터는 온몸에 문신을 했다. 2010년에 릭은 디자인 크리에이터 티에리 머글러Thierry Mugler의 눈에 띄여 패션쇼 무대에 섰고, 이후 레이디 가가Lady Gaga의 뮤직비디오, 할리우드 영화, 각종 패션지에 모습을 보였다. 하지만 2018년 여름, 릭은 갑자기 생을 마감했다. 심각한 알코올중독이었던 그는 자택의 발코니에서 투신자살했다.

근대사회에서 문신은 재해석되었다. 1960년~1970년대에 문신이 다시 한번 소속감을 의미하는 표시로 등장했다. 특히 사회의 아웃사이더인 젊은 층(펑크족, 스킨헤드족, 록 가수)이 문신을 대중화시키려고 노력했다. 펑크족은 기괴한 옷차림과 과격한 문신(안전핀으로 하는 피어싱, 이마에 새긴 만자형 무늬)때문에 불량하다는 이미지였지만 나름의 방식으로 문신을 대중화시키는데 기여했다. 실제로 펑크족은 개성 넘치는 패션으로 많은 젊은이들에게 지지를 받았다. 펑크족의 가치에 동의하지 않은 젊은이들도 개성을 중시하는 점은 똑같기 때문이다. 패션계에서도 문신은 좋은 소재가 될 것이라는 것이 디자이너 비비안 웨스트우드Vivienne Westwood, 가수 말콤 맥라렌Malcom McLaren의 생각이다. 록 밴드 섹스 피스톨즈와 펑크족은 문신을 적극 활용했다. 이처럼 문신은 런던의 인디 밴드와 명품 브랜드 매장을 오간다.

서로 다른 의미

원주민 사회에서 문신은 마법과 같은 신비한 힘(액운, 죽음, 악마로부터 지켜주는 부적), 치유력, 소속감을 의미한다. 그렇기 때문에 의식에서 문신은 빈번하게 등장한다. 몸에 문신을 새기면 아이에서 어른이 되었다는 의미가 된다. 뿐만 아니라 문신은 특정 사회계층에 들어갔다는 소속감을 뜻하기도 한다. 마오리족이 좋은 예다. 마오리족은 높은 신분일수록 문신을 많이 한다. 그래서 부족의 족장들은 얼굴과 몸 전체에 문신을 하는 일이 많다. 문신마다 중요한 의미가 있기 때문이다. 따라서 문신을 통해 서열을 알 수 있다.

　서구권에서 문신이 대중화되기 시작한 것은 1990년대 초부터다. 위생적으로 문신을 새기는 방식이 나오면서 문신을 해보려는 일반인들이 생겨났다. 문신 관련 잡지, 홈페이지, TV 방송이 늘어나면서 문신이 더욱 대중화되었고 이제는 하나의 패션이 되었다. 지지하는 가수나 연예인들이 하는 문신을 따라하는 팬들도 생겨났다. 그래도 문신은 여전히 일부 사람만 즐긴다. 프랑스 작가 다비드 르 브르통David Le Breton이 문신을 가리켜 '개인의 의식'이라고 부르는 이유는 의식적이든 무의식적이든 대체로 삶에서 어떤 변화가 생길 때 문신을 하기 때문이다. 이렇게 보면 문신은 나름 특별한 의미가 있는 표시다. 하지만 문신을 단순히 10대가 하는 행위나 패션으로만 보지 않는 시각도 있다. 문신을 한 사람들에게 문신은 그림처럼 오랜 역사를 지닌 예술로 통한다. 비록 문신을 배우는 학교도 없고 타투이스트가 되는 과정을 배우는 교육도 없지만 많은 타투이스트들이 예술 학교 출신이다. 이렇게 보면 문신은 예술로 볼 수도 있다.

미래에는 모두가 문신을 할까

문신에 대해서 좀 더 다룰 수 있다. 갱단의 문신에 대해 잠깐 알아보자. 갱단의 문신을 보면 몇 가지를 생각하게 된다. 하나는 갱단의 몸에 새겨진 문신은 지우기 힘든 낙인과 같다는 것이다(얼굴에 있는 그 많은 문신을 어떻게 다 지울까?). 또 하나는 갱단의 문신은 디자인 관점에서는 멋지다는 것이다. 일본 야쿠자들이 몸을 장식하는 문신을 생각해보자. 그리고 이런 문제도 생각할 수 있다. 문신의 저작권은 문신을 새겨준 사람에게 있을까, 문신을 몸에 새긴 사람에게 있을까? 2006년, 벨기에 출신의 예술가 빔 델보예Wim Drlvoye가 영국 온라인 마트 오카도의 팀 스타이너Tim Steiner CEO의 등에 문신을 새겼고 여기에 사용된 문양을 2008년에 어느 스위스 갤러리를 통해 15만 유로에 판매했다. 해당 문신 문양을 산 사람은 저작권을 가지게 되었기 때문에 저작권자는 이 금액만큼 팀 스타이너를 1년에 3~4주씩 전시 대상으로 삼을 수 있었다. 팀 스타이너가 죽으면 저작권자는 문신을 회수할 수 있었다. 이에 대해 어떻게 생각하는가? 앞으로 문신, 문신하는 사람, 타투이스트에 대해 할 수 있는 연구가 많지 않을까?

이제 정리를 하려고 한다. 문신과 피어싱(같은 아틀리에에서 한다)은 이제 상대적으로 흔해졌다. 그렇다 보니 여기에서 더 극단적인 종류가 발달하는데, 최근에 등장한 스컬리피케이션, 브랜딩(레이저나 인두를 사용하는 문신), 조직 이식 등이 대표적이다. 이 새로운 종류의 문신도 기존의 문신과 같은 미래를 맞이하게 될까? 얼굴이나 몸에 새기는 문신은 인류와 함께 오래 전부터 존재했다. 이제는 문신을 개성 있는 패션으로 보는 시선도 있다. 미래에는 모두가 문신을 할까?[111]

동물의
아름다움

Beautés
Animales

●

장바티스트 드파나피외 | 강사, 시나리오 작가, 소설가, 자연 및 인간과 동물 관계를 테마로 한 게임 디자이너

요즘은 거의 잊혀진 옛 속담이 하나 있다. "공작새는 자신의 흉한 발을 보며 소리를 지른다." 단점을 지적당하면 버럭 화를 내는 오만한 성격의 사람을 놀릴 때 사용했던 속담이다. 아무리 장점이 있어도 인간마다 모자란 부분이 있기 때문에 잘난 체 할 필요가 없다는 교훈을 주는 속담인 것이다. 이 속담이 나온 이유는, 옛날 사람들은 공작새가 꼬리를 자랑하는 모습을 즐겼지만 다리가 못생겨서 자존심에 타격을 받아 그 불만을 시끄러운 소리로 표현한다고 믿었다. 몽테뉴는 이런 글을 썼다. "공작새의 오만함을 죽이는 것은 공작새의 발이다." 프랑스 수학자 조르주루이 뷔퐁Georges-Louis Buffon은 공작새를 자세히 관찰한 후 이런 결론을 내렸다. "자연은 하늘과 땅의 색채를 전부 공작새의 깃털에 새겼고, 그 덕에 공작새의 깃털은 위대한 예술 작품이 되었다." 어떤 입장이든 상관없다. 과연 공작새가 자신의 깃털이 아름답고 발이 흉하다는 것을 의식했는지가 궁금하다.

동물의 기준에서 본 아름다움

실제로 공작새가 자신의 모습을 인식했는지는 정확히 알 길이 없다. 다만 우리 모두 공작새의 깃털이 멋지다는 데에는 동의한다는 것이 중요하다! 흔히 모습이나 색깔이나 동작 때문에 인간 입장에서 아름답고 멋져 보이는 동물들이 있다. 인터넷을 보면 이런 동물 목록이 나온다. 동물 매니아가 단독으로 작성한 목록도 있고 네티즌 수천 명이 투표를 해서 선정한 목록도 있다. 멋진 동물들은 주로 사자, 호랑이, 표범, 재규어 같은 고양잇과 맹수들이 상위 자리를 독차지한다. 그 뒤를 팬더, 북극곰이 잇는다. 공작새가 속할 때도 있다. 정작 사람들은 공작새의 발에는 별로 신경 쓰지 않으니 공작새도 안심해도 될 것 같다. 아름답거나 강하거나 우아함을 갖춘 동물들이 주로 아름다운 동물들로 뽑힌다. 사자, 사슴, 독수리, 상어가 후보에 오른 이유다. 동물에 관심 있는 네티즌들은 더 다양한 동물에도 눈을 돌린다. 그래서 화려한 색의 개구리(독이 있기는 하지만 색이 멋지다), 화려한 날개와 무늬를 자랑하는 나비, 비단날개새 같은 알록달록한 새들을 아름다운 동물 후보에 올린다.

같은 종류의 동물 사이에서도 아름다운 순서로 순위를 매긴다. 강아지 선발 대회, 말 선발 대회, 토끼 선발 대회가 좋은 예다. 동물의 아름다움을 평가하는 인간의 기준은 거의 비슷하다. 2009년에 실험이 하나 이루어졌다. 체코의 대학생들이 파푸아뉴기니의 뱀들을 찍은 32장의 사진을 본 다음에 아름답다고 생각되는 순서로 나열했다. 그런데 파푸아뉴기니 주민들이 뽑은 순서와 비슷했다. 더구나 인간의 눈에 아름답게 보이는 동물들은 멸종 위기에 있을 때 보호를 더 잘 받을 수 있다. 사람들은 불쾌하게 생긴 동물들보다는 '카리스마' 같은 매력이 있는 동물들을 보호하려고 한다!

두더지쥐, 붉은 눈에 박쥐를 닮은 물고기 등은 인간의 눈에 흉하게 보이는 동물들이다. 우리는 흔히 추한 동물들이 위험한 동물일 것이라 상상한다. 박쥐와 거미가 혐오 대상이 되는 이유다. 감정을 배제하고 보면 인간 중심의 시각에서 벗어날 수 있을지도 모른다. 인간의 눈에 흉하게 보이는 수컷 박쥐는 암컷 눈에도 수컷이 흉하게 보일까? 우리 눈에는 멧돼지가 다 같은 멧돼지겠으나 멧돼지 세계에서는 멋진 축에 속하는 멧돼지를 찾을 수 있을까? 인간은 동물과 보는 기준이 다르기 때문에 인간의 눈으로는 동물들을 객관적으로 평가할 수 없다.

동물 미적 감각

어떻게 하면 동물들의 미적 감각을 알 수 있을까? 우선, 예술과 아름다움을 동일시하지 않도록 해야 한다. 그러면 이번에는 동물이 만드는 예술에 호기심을 가질 수 있다. 2019년 12월, 1950년대 말 침팬지 콩고가 그린 그림들이 런던에 전시되었다. 침팬지가 그린 그림들을 수집한 동물행동학자 데즈먼드 모리스Desmond Morris가 작품에 대해 자세히 설명했다. 그의 말에 따르면, 침팬지는 미술 도구를 가지고 그림을 그렸으며 그림을 그리는 동안 방해받는 것을 싫어했다고 한다. 그리고 그림을 다 그린 침팬지는 더 이상 그림을 보려고 하지 않았다고 한다. 침팬지가 피곤해서 그런 것인지 그림을 다 그려서 더 이상 신경 쓰고 싶지 않은 것인지는 알 수 없었다! 침팬지가 그린 그림들을 보고 어떤 점이 좋은지 토론할 필요는 없다. 토론을 하지 않아도 그림만 봐서는 침팬지의 미적 감각이 어떤지 자세히 알 수 없으니까!

하지만 자연의 세계에서는 다르다. 동물이 만드는 멋진 작품은 같은 종류의 동물들에게 평가를 받기 위한 것이다. 푸른빛이 도는 검은색 깃털을 지닌 어느 호주의 새를 관찰하면 알 수 있는 사실이다. 이 새는 땅 위에 집을 짓는다. 벽과 집은 나뭇가지를 엮어서 만든다. 그리고 새는 각종 물건, 과일, 꽃, 깃털, 돌, 조개껍질을 이용해 집을 꾸미는데 확실히 장식용으로는 푸른색을 좋아한다. 이 새는 주변에 보이는 것이라면 단추, 플라스틱 조각 등 인간이 사용하던 물건도 가리지 않았는데 집을 장식하려고 사용한 색이 다 푸른색이다.

이 새가 짓는 집은 둥지로 사용하기 위해서가 아니다. 집을 짓는 이유는 유혹하기 위해서다. 실제로 암컷들은 오랜 시간 동안 수컷들이 집을 짓는 모습을 관찰한다. 집을 멋지게 짓는 수컷일수록 암컷들로부터 인기를 많이 받는다. 실험을 해보니 처음에는 암컷들에게 선택을 받지 못한 수컷도 연구진이 그 수컷의 집을 멋지게 꾸며놓자 수컷은 암컷들에게 선택을 받았다. 이와 비슷한 행동을 하는 새 종류가 많다. 예를 들어 푸른깨새는 둥지 주변에 깃털을 모아 놓는다. 암컷이 둥지를 깃털로 무성하게 장식하는 수컷에게 끌리기 때문이다.

아름답다는 것은 유혹적이란 의미인가

수컷 동물들을 보면 무엇인가를 짓기보다는 멋지게 꾸미는 경우가 많다. 꿩의 깃털, 비오리의 깃털, 극락조의 깃털, 열대어의 비늘, 일부 도마뱀의 비늘은 그 자체로 예술 작품이다! 하지만 지나치게 화려한 수컷은 목숨이 위험할 수도 있다는 모순이 있다. 약 2세기 전, 찰스 다윈Charles Darwin이 제기한 문제가 있었다. "공작새의 꼬리 깃털을 보면 안타깝다!" 실제로 다윈은 공작새의 꼬리는 필요하지도 않은데 왜 퇴화하지 않은 것인지 궁금해했다. 야생 상태에서 공작새의 꼬리는 포식자에게 들킬 염려가 있어서 공작새의 생존에 별로 도움이 되지 않는다. 뿐만 아니라 포식자가 나타나면 유일하게 피하는 방법이 날아가는 것뿐인데 꼬리 때문에 날지도 못한다. 다윈이 정의한 자연선택설에 따르면 동물의 생존 확률을 낮추는 기관은 퇴화되어야 했다.

그래서 다윈은 가설을 하나 내놓았다. 지금도 널리 채택되는 가설이다. 공작새에게 꼬리는 거추장스러운 것이 맞지만 생식 능력을 높여줄 수 있다. 만일 동물이 상대적으로 오래는 사는데 새끼를 남기지 못한다면? 동물의 세계에서는 오래 사는 것보다 새끼를 남기는 것이 중요하다! 공작새 수컷의 꼬리가 거추장스러워도 암컷이 꼬리에 끌린다면 꼬리는 대대로 퇴화하지 않고 남는다(유전자가 그런 식으로 발달한다면 말이다). 생물학자들에 따르면 동물의 세계에서 수컷은 암컷과 달리 별로 쓸모없어 보이는데 장식만 화려한 기관이 발달되어 있다고 설명한다. 화려한 색을 자랑하는 수컷 새와 물고기, 뿔이 달린 수사슴, 어금니가 발달한 수컷 돌고래가 좋은 예다. 수컷에게만 달린 이 독특한 기관은 암컷을 유혹하기 위해 존재한다. 멋진 장점을 많이 보여주는 수컷일수록 암컷의 선택을 받는다.

선택하는 입장에 놓일수록 짝짓기를 하기까지 시간과 에너지를 많이 투자하는데, 그게 바로 암컷이다. 다윈의 동시대 사람들은 진화론을 인정하기 어려워했다. 더구나 동물들의 짝짓기가 싸움에서 이긴 수컷에게 결정권이 있는 것이 아니라 암컷에게 멋지게 보인 수컷이 선택받아 짝짓기에 성공할 수 있다는 설명에 충격을 받았다. 암컷을 유혹하는 수컷의 특정 부위가 있을 때 그 부위는 기괴할 정도로 발달하게 된다. 수컷에게는 부담스러운 부위라도 암컷을 유혹하는데 유리하면 그 부위가 더욱 진화한다. 하지만 너무 과해서 수컷이 짝짓기를 하기도 전에 생명에 지장을 받는다면 그 부위는 자연선택설에 따라 퇴화될 것이다.

우수하다는 신호

궁금한 점이 또 하나 생긴다. 왜 암컷은 수컷의 장식에 끌릴까? 어떤 진화 과정의 결과일까? 생물학자들은 수컷의 장식이 뛰어난 유전자를 상징한다고 본다. 색깔이 화려하고 진하다는 것은 수컷의 영양 상태가 좋다는 의미이자 에너지가 풍부하고 건강해서 기생충이나 질병에 강하다는 의미다. 강하고 건강한 수컷 사이에서 낳는 새끼들도 건강한 유전자를 받을 것이라는 뜻이다.

짝짓기는 시간과 에너지가 매우 많이 드는 일이다. 따라서 짝짓기를 신중하게 해야 종을 계속 보존할 수 있다. 암컷은 에너지를 헛되이 쓰지 않기 위해 건강하고 우수한 수컷을 찾으려 할 것이다. 한편 수컷과 암컷이 짝짓기를 하지 않고 새끼를 낳는 소수의 생물들도 있다. 혼자 새끼들을 낳고 직접 유전자를 물려주는 자웅동체 생물들이 있는가 하면 6퍼센트의 수컷들이 80퍼센트 암컷들과 짝짓기를 하는 물고기들도 있다.

　이런 자연선택 원리는 실험을 통해서도 밝혀졌다. 약 10년간 밀가루를 주식으로 하는 벌레 거저리를 두 그룹으로 나누어 서로 다른 환경에서 키웠다. 첫 번째 그룹은 성별 비율을 맞지 않게 해놓았다. 그랬더니 근친교배 때문에 빠르게 소멸했다. 두 번째 그룹은 성별 비율을 잘 맞추었다. 그랬더니 근친교배의 경우가 있었어도 문제없이 종이 보존되었다. 짝짓기는 우연히 이루어지는 것이 아니라 암수의 선택으로 이루어진다.

유혹의 기술

이성을 유혹하려면 색깔과 같은 시각적인 효과를 사용하지만 언제나 그런 것만은 아니다. 어떤 생물 그룹에서는 균형미도 중요하다. 이는 인간과 비슷한 부분이라 할 수 있다. 동물은 대부분 오른쪽 부분과 왼쪽 부분이 완벽하게 대칭을 이루지 않는다. 실제로 완벽한 대칭을 보이는 경우는 수백 건 정도에 불과하다. 얼굴뿐이 아니다. 눈 색깔도 서로 다르고 코의 모양과 털 혹은 머리카락의 배치도 오른쪽과 왼쪽이 다르다. 오른쪽과 왼쪽 부위가 딱 들어맞는다면 그야말로 완벽한 대칭이라고 할 수 있다. 대칭이 흐트러지는 이유는 뱃속에서부터 시작된다. 유전자들이 주변 환경이 불안해질 때 미숙하게 대처했기 때문이다. 따라서 완벽한 대칭을 지녔다면 유전자가 주변의 불안정한 환경에도 끄떡없을 정도로 우수하다는 뜻이다.

노랫소리를 유혹의 기술로 사용하는 생물 그룹도 있다. 시골에는 꾀꼬리, 귀뚜라미, 청개구리들이 내는 아름다운 멜로디가 가득하다. 동물들은 이성의 외모보다는 소리가 아름다울 때 끌리는 경우가 많다. 앨버트로스도 그렇고, 일부 원숭이도 그렇다. 수컷과 암컷이 합창을 하면서 소리가 서로 맞으면 조금씩 끌린다. 조화로운 소리도 아름다움의 한 종류가 아닐까? 빛이나 마찰처럼 인간의 입장에서는 아름다움과 연결하기 힘든 요소도 유혹의 기술로 사용하는 동물도 있다. 냄새를 유혹의 기술로 사용하는 동물도 있다. 개는 어떨까? 개도 외모를 볼까? 아니면 서로의 냄새에 끌릴까?

아름다움의 실용성에 관하여

동물이 짝짓기를 위해 상대를 유혹할 때 아름다움은 중요한 역할을 한다. 아름다움이야말로 개체들의 짝짓기와 종족 보존에서 가장 중요한 요소일 수도 있다. 고대부터 철학자들은 아름다움과 실용성의 관계에 대해 논의했다. 아름다움은 실용성과 관계있어야 한다고 주장하는 철학자들도 있고, 진정한 아름다움은 실용성과 관계가 없다고 주장하는 철학가들도 있다. 동물의 아름다움, 혹은 동물이 생각하는 아름다움을 바라보는 우리의 시각을 바꿔야 한다. 우리의 감정과 생각은 두뇌에서 나온다. 우리의 두뇌는 수백만 년 동안 진화를 거쳐 생겨난 기관이다. 인간은 오랜 시간 동안 동물들과 공존하며 살았다. 따라서 당연히 우리의 감각 중에 새, 물고기, 혹은 원숭이의 감각과 비슷한 부분도 있다. 인간의 미적 감각도 동물의 미적 감각처럼 유혹의 기술로 사용하기 위해 발달했을 가능성이 있다고 주장하는 생물학자들도 있다. 물론 우리의 두 뇌와 생각이 발달하는 과정에서 미의식도 달라졌다. 암컷 공작새와 달리 우리는 수컷 공작새의 깃털이 아름다워도 유혹에 넘어가지 않는다. 기욤 아폴리네르Guillaume Apollinaire는 이런 시를 남겼다.

깃털을 땅에 질질 끌고 가는

공작새는

멋져 보인다.

하지만 이내 꼬리가 드러난다.[112 113]

자연적인
아름다움과
예술적인
아름다움

Beauté naturelle
et beauté artistique

●

프레데릭 모네롱 | 페르피냥비아도미티아대학에서 비교문학을, 모다르 패션 학교에서 사회학을 가르치는 교수

시간이 지남에 따라 다양한 예술 작품이 발달하면서 우리의 미의식에 많은 영향을 미쳤다. 미술이든 장식이든 문학이든 우리는 예술을 통해 풍경의 아름다움이나 육체의 아름다움을 이해한다. 도시 풍경이거나 전원 풍경이거나, 나체이거나 옷을 입었거나 우리가 아름답다고 생각하는 기준이 있다. 예술의 영향으로 풍경이나 육체를 바라보는 이 시각이 달라지기도 하는데, 육체의 경우를 살펴보자. 시대별로, 동시대에 대세인 예술 형식에 따라 육체를 예술 관점에서 보는 과정이 생긴다. 예술을 보면서 현실을 인식하는 방식이 달라지는 과정에는 여러 단계가 있다.

그림에서 사진까지

과거에 그림은 아름다운 여성의 기준을 만드는데 중요한 역할을 했다. 요즘에는 사진이 그 역할을 대신한다. 기술의 발달로 비교적 최근에 나온 사진은 오랫동안 마이너한 장르로 취급받았지만, 사진이 사회적으로 하는 역할은 이제 무시할 수 없다. 19세기 중반부터 지금까지 놀라운 발전을 거듭한 사진은 모델을 많은 대중에게 알리는 역할을 했다. 이

에 따라 사진 속 모델들이야 말로 많은 사람들에게 동경의 대상이 되었다.[114] 예전에는 유명 화가들의 그림에 나오는 모델을 닮았다는 이야기를 했지만 요즘은 영화배우와 닮았다는 이야기를 많이 한다. 패션 분야에서 사진은 독립적인 예술 영역이다. 디자이너의 의상, 모델의 육체, 배경을 담은 사진은 미의 기준을 정하는데 일조한다.[115] 사진 속 모델들이 보여주는 몸과 옷이 유행이 되는 이유다.

이처럼 사진은 대상을 바라보는 우리의 방식에 큰 영향을 끼친다. 하지만 사진에도 한계가 있다. 대상의 아름다움을 자연스럽게 보여주지 않고 왜곡하는 것이다. 사진은 구체적으로 존재하는 대상을 담는다. 사진이 발명되면서부터 그림은 자연의 대상을 세밀하게 담는 부분에서는 사진과 경쟁이 되지 않다보니 자연을 추상적으로 표현하게 되었다. 사진은 자연을 보다 가까이에서 담을 수 있으나 자연의 아름다움을 기호에 맞게 변형할 수 있다. 사진은 사진작가가 대상을 정해 인위적으로 아름다움을 끌어낸다. 최근에는 각도 조절과 보정도 가능해졌다. 사진작가들은 몸이나 얼굴의 아름다움을 전하려 할 때 어떤 부분에 초점을 맞추어야 하는지 생각한다. 많은 패션 잡지의 사진작가들이 사진에 담을 만한 여성을 찾는다고 하지 않는가? 이것이야말로 모델이 될 수 있는 기본 조건이다! 그림은 사진보다 부정확할 수 있으나 이 점에서는 더 자유롭다.

인간의 육체, 기본적인 기준

아무리 우리가 아름다움을 바라보는 시각이 예술에서 영향을 받았다고 해도 본질적으로 변하지 않는 원칙이 있다. 예술이 아름다운 모델을 보여주는 것은 맞다. 하지만 그 기본 모델은 자연이다. 예술과 아름다움의 관계에서 무엇보다 예술이 주목하는 것은 인간처럼 자연에 존재하는 것이다. 오랫동안 벌어진 논쟁이 하나 있다. 레오나르도 다빈치는 자연적인 아름다움과 예술적인 아름다움이 똑같다고 봤다("인간의 눈은 그림의 아름다움을 볼 때나 실제로 존재하는 아름다움을 볼 때나 똑같이 즐거워한다"). 반면에 존 러스킨John Ruskin은 "그 어떤 그리스 여신도 실제로 살아있는 젊은 영국 여성보다 아름다울 수는 없다"라고 주장했다. 존 러스킨은 자연 속에 존재하는 아름다움을 중시했다.

예술은 자연 속의 대상을 있는 그대로 전하는 것이 아니라 각색을 거쳐 보여준다. 이것이 예술의 한계다. 소설가는 직접 가보지 않은 풍경을 실제와 똑같이 객관적으로 묘사할 수 없다. 소설가는 현실에서 만날

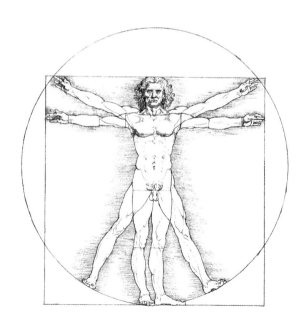

수 없는 사람의 얼굴을 있는 그대로 객관적으로 묘사할 수도 없다. 당연히 상상력이 동원된다. 자연적인 아름다움은 모든 예술이 표현하고 싶어 하는 기본적인 영감의 대상이다. 예술은 자연적인 아름다움을 배제할 수 없기 때문이다. 인간의 상상력은 언제나 기본적으로 육체와 얼굴 등 자연적인 아름다움을 모델로 삼는다. 문학, 심지어 공상과학소설도 마찬가지다. 작가들은 외계인을 상상할 때 인간보다 똑똑하다고 묘사하지, 인간보다 더 아름답다고 묘사하지 않는다. 오히려 외계인의 모습은 괴물 비슷하게 나온다.

　예술에서 보여주는 인간 육체의 아름다움에는 장식의 효과도 있다. 일반적으로 패션 분야(의류, 화장품, 헤어, 주얼리)가 정확히 인간의 육체가 지닌 장식성을 활용한다. 보들레르는 이런 말을 했다. "자연을 멋지게 바꾼 것처럼, 아니면 그보다는 자연을 끊임없이 새롭게 변화시키는 실험처럼."[116] 패션 분야는 육체가 지닌 자연스러운 아름다움을 그대로 전하지는 않는다. 소설가가 보지 않은 사람을 묘사하는 것처럼 패션도 인간의 상상력을 발휘해 자연 속의 아름다움을 전한다고 할 수 있다. 예술 작품에 발휘되는 상상력이란 자연 속에 존재하는 아름다움을 주관적으로 해석해 모방하거나 더 멋지게 만들려는 시도다.

　끝으로 미적 감각에 있어서 여전히 전통적인 예술 분야가 중요하다는 말을 강조하고 싶다. 시간이 흐르면서 우리는 전보다 더 넓고 다양한 미적 경험을 하게 되었다. 가령, 스포츠 활동에서도 아름다움을 느낄 수 있고 보는 이들이 미적 감각을 기를 수 있다. 하지만 스포츠는 상상력이 덜 발휘된 문학과 영화에 비유할 수 있다. 물론 스포츠도 사진과 TV에 많이 노출된다. 그러나 사진과 TV는 보여주고 싶은 현실만을 비추기 때문에 진정한 예술 매체가 되기 어렵다.

상상력의 인류학

아름다움은 기준에 의해 결정된다. 시, 소설, 음악은 간접적으로 이미지를 전한다(글이나 음을 통해). 반면 그림, 사진, 영화는 좀 더 직접적으로 이미지를 전한다(캔버스, 종이, 필름을 통해). 자연은 그나마 직접적으로 이미지를 전한다(우리의 홍채에 직접 투영해서). 여기서 이미지는 자연 풍경, 인간의 몸과 얼굴이다. 그리고 아름다움은 이미지를 통해 인식한다. 바로 여기에서부터 아름다움에 대해 생각해야 한다.

이미지는 형태이다. 모든 미적 감각은 형태를 통해 나온다. 하지만 미학과 관련된 철학은 이를 출발점으로 하지 않는다. 서구권 철학에 대한 불신이 원인이다. 프랑스 인류학자 질베르 뒤랑Gilbert Durand은 이미지를 매우 중시하는데, 이에 따라 뒤랑이 말하는 '상상력의 인류학'은 흥미로운 관점을 처음으로 선보인다. 상상력의 인류학은 크게 세 가지 구조로 구분한다. 첫째, 영웅적인 구조다. 영웅적인 구조는 상승을 상징하며 빛, 공기, 불이 여기에 속한다. 두 번째, 신비적인 구조다. 하강을 상징하며 물과 흙으로 표현된다. 세 번째, 종합적인 구조다. 순환과 진전의 상징이며 서로 반대되는 것들 사이의 조화, 변증법, 역사를 특징으로 한다. 질베르 뒤랑이 구분한 이 세 가지 구조로 모든 형태의 상상력을 설명할 수 있게 되었다. 또한 이 세 가지 구조 덕분에 미적인 감각을 이해할 수 있다. 특히 이 세 가지 구조가 있어서 자연 속 아름다움에 접근할 수 있게 된다.

다시 자연 풍경과 인간의 몸이 지니는 아름다움, 즉 자연 속 아름다움에 대해 다뤄보자. 이러한 이미지는 먼저 우리의 홍채에 투영된다. 그리고 우리는 뒤랑이 말하는 '종합적인 구조'로 풍경을 이해한다. 그리고 아름답다고 생각한다. 아름답다는 감각을 가장 강하게 느끼는 것은 이미지를 통해서다. 이미 여러 연구에서도 밝혔지만 옷이든, 창작물이든, 인간의 활동이든 무엇인가 우아하다고 느끼는 것은 종합적인 구조 속에서 생각할 수 있다. 종합적인 구조 속에서는 성별이든, 시공간이든 서로 다른 모든 것이 조화를 이룬다.[117]

여기에 반박하는 의견도 있을 것이다. 종합적인 구조는 인간이 창작물만을 대상으로 해야 한다는 의견, 자연에는 완벽한 순환이 존재하지 않는다는 의견, 나체가 옷 입은 몸보다 아름답지는 않다는 의견이 있을 것이다. 하지만 진정 자연적인 아름다움을 경험하면 종합적인 구조 속에서 봐야 인간의 미적 감각을 이해할 수 있다는 사실을 알게 된다. 자연 풍경이 좋은 예다.

고체와 액체가 서로 반대되면서도 놀라운 조화를 이루는 자연 풍경을 보면 우리는 가장 강렬한 아름다움을 느낀다. 예술이라는 매개체가 굳이 필요하지 않게 된다. 문화 수준이나 예술 교육 수준에 상관없이 자연 풍경을 바라보면 누구나 강렬한 감동을 느낀다. 요즘 인터넷 사이트에서 꼽은 세계에서 가장 아름다운 풍경 후보만 봐도 알 수 있다. 90퍼센트 이상이 서로 반대되는 것이 조화를 이루는 자연 풍경이다. 평야나 들판이나 인위적으로 언덕을 만들면 조화를 이루던 요소들이 깨지면서 아름다움을 잃게 된다. 산도 하늘과 땅이라는 서로 반대되는 요소가 조화를 이룬 곳이다. 예술과 문학을 거치지 않고도 있는 그대로 아름다움을 느끼는 곳이 자연 풍경이다. 따라서 프랑스 남부의 코트다쥐르, 캘리포니아, 노르웨이 등 자연을 있는 그대로 살린 해변이 관광지로 인기가 있다. 자연적인 것에 더 아름다움을 느끼는 인간의 성향을 알 수 있다.

여성미의 우월함

인간의 몸과 얼굴도 종합적인 구조 속에서 아름다움을 느낄 수 있는 좋은 예다. 실제로 몸의 부분들이 조화를 이룰 때 아름답다는 생각이 든다. 긴 팔과 다리, 높이와 넓이의 비율이 잘 맞는 상체가 기준이 되고 있다. 여성의 몸에서 가슴, 허리, 엉덩이 사이의 황금 비율은 85:60:85로 알려져 있다. 얼굴도 이목구비가 조화를 이룰 때 아름답다고 느낀다. 신플라톤학파에서 이미 강조한 내용이기도 하다. 남녀의 차이를 넘어 육체가 조화를 이룰수록 아름답다고 한다(이는 자연적인 아름다움이라기보다는 관념적이고 예술적인 아름다움이다). 남녀가 붙어 있는 조각상을 보면, 그리스인들이 이상적으로 아름답다고 느낀 육체는 남녀 구분 없이 조화를 이룬 육체라는 것을 알 수 있다. "헤르메스와 아프로디테 사이에 낳은 아들보다도 아름다운 작품이다."[118] 테오필 고티에Théophile Gautier가 소설 『모팽 양』(1835)에 쓴 구절이다. 테오필 고티에는 완벽하게 조화를 이루어 하나로 녹아든 것 같은 자웅동체 조각을 가장 아름답다고 봤다. 그는 아름다운 남녀의 모습을 종합적인 구조의 관점에서 바라봤으나 그것이 현실에서는 보기 힘든 이상적인 아름다움이라는 것을 알았다. 보통 아름답다고 이야기하는 것은 주로 여성의 아름다움을 가리킨다. 그래서 몸과 얼굴에서 여성적인 아름다움을 추구하는 것이다. 테오필 고티에는 소설에서 여러 번 이런 남녀 불평등을 지적했다.

여성의 아름다움을 더 높이 평가하는 것은 종합적인 구조 관점에서 보면 여성의 육체가 더 조화롭기 때문이다. 상상력의 인류학은 기본적으로 방대하게 응용할 수 있다.

예술은
인류의 근원

| 장피에르 샹죄와의 대담 |

L'art est la source
de l'humanité

장피에르 샹죄 | 신경생물학자, 콜레주드프랑스 명예교수, 과학아카데미 회원

예술을 통해 인류는 크게 발전합니다. 그런데 저서 『두뇌 속 아름다움La Beauté claus le cerxeau』의 도입부에서는 예술이 인류를 발전시킨 것이 아니라 인류의 기본이라고 하신 것 같은데요.

....

샹죄 그렇습니다! 기원전 4만 년에 호모사피엔스가 쇼베 동굴 벽에 그림을 그렸습니다. 제가 보기에도 아름답기 그지없는 작품이죠. 인류의 예술이 정점에 오른 것은 호모사피엔스 때부터입니다. 하지만 이보다 오래 되었다고도 볼 수 있습니다. 호모하빌리스는 투박한 모양의 실용적인 돌을 도구로 사용했습니다. 아마도 고기를 자르기 위해 사용한 도구인 것 같습니다. 호모에렉투스는 대칭을 이룬 주먹도끼를 사용했지만 실용성은 역시 크지 않았습니다. 인간은 미학을 추구하고 상징적으로 표현을 합니다. 최근 중동의 여러 곳에서 주먹도끼가 대량으로 발굴되었습니다. 그런데 사용된 흔적이 없는 주먹도끼가 많았습니다. 예술은 사회를 반영하고 메시지를 전하는 힘이 있습니다. 어쩌면 예술은 인간을 단순화한 상징일지도 모르겠습니다.

도구에서 보이는 대칭성은 사회적으로 어떤 의미를 담습니까?

....

상제 자연에서 영감을 받아 도구를 만들었다는 뜻이죠. 나비나 많은 종류의 동물들에게서 대칭을 볼 수 있습니다. 인간이 만든 물체에도 대칭이 있습니다. 대칭은 예술과 일상 용품을 구분하는 기준입니다. 인간이 만든 것은, 특히 손으로 만든 예술품일 때는 대칭을 중시합니다. 예술품이 자연처럼 대칭미가 있기는 해도 단순히 자연을 베낀 결과물은 아닙니다.

예술 작품에 있는 규칙이란 무엇입니까?

....

상제 우선, 부분들이 전체적으로 조화를 이룹니다. 디테일과 전체가 조화를 이루는 것이죠. 주먹도끼, 쇼베 동굴 벽화, 푸생의 그림을 보면 각 요소가 이루는 놀라운 조화를 볼 수 있습니다. 쇼베 동굴 벽화를 예로 들면 코뿔소의 옆모습이 반복적으로 그려져 있습니다. 이러한 조화는 영화계의 선구자 에티엔쥘 마레Etienne-Jules Marey가 말한 움직임 효과를 줍니다. 예술의 또 다른 규칙은 새롭고 개성이 있어야 한다는 것입니다. 다른 예술가들의 작품과도 구별이 되어야 하지만 작가 자신이 전에 만든 다른 작품들과도 차별성이 있어야 합니다. 즉, 적은 것을 활용해 많은 의미를 전달해야 예술이라고 할 수 있습니다. 마티스나 피카소의 그림을 보면 선 하나만으로도 인물을 제대로 표현하거나 엄마와 아이 사이에 흐르는 애정 같은 감정을 잘 나타냅니다. 예술가는 적은 것을 사용해 최대의 감정을 표현합니다. 끝으로 예술 작품은 의미 있는 메시지를 전해야 합니다. 칸딘스키,

로스코, 피카소, 푸생의 작품을 보면 예술가는 윤리적인 성격이든, 정치적인 성격이든, 아니면 윤리적이면서 정치적인 성격이든 대중에게 세계관을 전하려 합니다(에스파냐 내란을 주제로 비극성을 표현한 피카소의 작품 〈게르니카〉가 좋은 예입니다).

예술 작품이 발달하면 언어가 발달합니다. 하지만 예술의 기능과 언어의 기능은 구별할 필요가 있죠. 언어가 논리와 객관적인 지식이라면 예술은 사회에 감성적으로 참여하는 활동입니다. 언어는 더 구체적이고 정확합니다. 사냥 계획을 세우거나 기후 현상을 이해할 때를 보면 그렇죠. 언어는 어떻게 보면 과학과 연결됩니다. 이에 비해 예술이 전하는 메시지는 사회와 도덕 규칙의 방향을 정하는 역할을 합니다. 의식을 거행할 때 노래와 춤이 많이 사용되죠. 아니면 예술 작품을 전시하기도 하고요. 문명마다 나타나는 예술의 이러한 역할은 매우 중요합니다. 사람들이 모여 살기 위해 만들어진 건축에도 예술이 깃듭니다. 개인이 사는 집과 공공건물에서 예술적인 면은 매우 중요하다고 생각합니다.

신경심리학자인 스타니슬라스 드앤Stanislas Dehaene과 함께 새들의 노랫소리를 기초로 모델을 만드셨죠. 미적 감각은 인간의 전유물이라고 보십니까?

상제 예, 물론이죠! 새들의 노랫소리는 새 종류마다 다릅니다. 같은 종류의 새들끼리 서로 노래를 배우죠. 새 종류에 따라 노랫소리를 발전시키는 방식도 다양하고요. 새들의 노랫소리에도 방언 같은 것이 있습니다. 새들의 노랫소리는 아름답지만 전형적인 틀이 있어서 창의력에는 한계가 있습니다. 예술이 지녀야 하는 주요 규칙 중 하나는 새로움이죠. 그래서 인간이 만든 것은 새를 포함한 다른 동물들이 만들어내는 것과는 다릅니다. 호모사피엔스와 함께 본격적으로 예술이 자유롭고 풍성하게 발달하게 되었습니다.

그런데 동물 예술가들이 그린 작품을 다루는 작은 시장이 있습니다. 원숭이나 코끼리가 그린 작품들이죠. 동물들이 하는 붓질 속에서 창의력을 볼 수 있지 않을까요?

상제 중요한 것은 인간이 원숭이에게 붓을 쥐어주었다는 사실이죠. 원숭이가 붓에 여러 색깔의 물감을 묻혀서 뭔가를 마구 그릴 수는 있습니다. 원숭이가 그린 그림은 겉보기에는 추상화 같을 것입니다. 하지만 그 그림은 엄밀히 말해 예술 작품이 아닙니다. 원숭이의 그림에서는 무엇인가 그렸다는 행위가 중요할 뿐 그림 구성에 의미는 없죠. 하지만 호모에렉투스가 만들어낸 도구의 대칭에는 구성이 있습니다. 원숭이가 붓을 쥐었다고 해서 인간처럼 대칭적인 구성을 만들어내는 것을 본 적이 없습니다. 차라리 어린아이가 훨씬 낫죠! 확실히 예술은 인간의 전유물입니다. 덧붙인다면 예술은 인간의 두뇌만이 만들어낼 수 있는 영역이죠.

살아가면서 창의력은 어떻게 발전할까요? 아이의 창의력은 다른가요? 어른의 창의력보다 낮습니까?

상제 아이는 그림을 그릴 때 내면의 세계를 전달하고 표현하려고 합

니다. 아이들이 그린 그림은 다양하기는 하지만 눈사람처럼 소재가 정해져 있습니다. 아이는 본 것을 그리기에 얼굴을 많이 그립니다. 제가 보기에 이는 예술적인 창의력이 아닙니다. 아이의 그림에는 이성과 감성의 조화가 부족해 구성이 탄탄하고 철학을 담아 프로젝트처럼 완성하는 예술 작품과는 거리가 멉니다. 어른도 아이와 크게 다르지는 않습니다. 창의력은 40세 이후부터 나타나 계속 됩니다. 저의 경우를 보면 60대가 되었을 때 창의력이 최고로 높아졌습니다. 다른 예술가들을 봐도 그렇습니다. 베토벤의 사중창, 마티스와 세잔의 그림은 전부 말년에 완성한 작품이죠. 경험 덕분에 자신만의 스타일이 생기고 세계관이 넓어지면서 진지해지는 것이 40대 이후입니다. 이 나이가 되면 더 이상 자잘한 것에 집중하지 않아 창의력이 제대로 나타납니다. 인간은 죽을 때까지 창의적이라고 생각합니다.

창의력에 신경 다윈주의를 적용하십니다. 그러니까 인간의 두뇌 속에서 여러 사상과 감정이 일종의 경쟁을 벌이다가 결국 작품으로 연결된다는 뜻인가요?

상제 과학자들도 이런 방식으로 연구합니다! 수학자들은 이런 말로 놀라움을 안겨줄 때가 많습니다. "수학적인 사물들로 세상을 묘사하고 행성들의 변화를 예측할 수 있습니다. 이 놀라운 능력을 좀 보세요." 하지만 수학자들은 해답을 찾기까지 보낸 순간에 대해 언급을 하지 않습니다! 수많은 시행착오가 침묵 속에 묻히죠. 우리 생물학자들은 이러한 시행착오 순간을 중요하게 생각합니다. 어떤 가정을 두고 답을 찾을 때까지 보내는 시간을 생각해보십시오. 수 세기가 걸리기도 합니다. 수많은 시행착오가 없다면 예술은 걸작을 만들어 낼 수 없고 과학은 해답을 찾아낼 수 없습니다. 창의력은 두뇌의 전반적인 활동과 관계됩니다. 두뇌는 끝없이 프로젝트를 만들죠.

우리가 음악, 그림, 풍경, 혹은 얼굴의 아름다움을 감상할 때도 두뇌가 작동하는 메커니즘이 같습니까?

상제 그렇습니다. 실제로 우리 과학자들은 예술에 관심이 있습니다. 자연 속의 풍경, 그리고 그 풍경을 담아내는 예술 작품 사이에는 어떤 차이가 있는지 이해하고 싶은 것이죠. 자연 풍경을 담은 예술 작품은 의미가 담겨 있기에 감동을 줍니다. 아름다움과 추함을 나누는 절대적인 기준은 없습니다. 하지만 우리가 예술 작품을 볼 때와 조각조각 잘린 예술 작품이 어지럽게 늘어져 있는 장면을 볼 때 두뇌의 활동이 달라진다는 것이 실험을 통해 밝혀졌습니다. 아이들을 대상으로 한 최근 실험에서는 어머니의 얼굴 이미지를 활용했습니다. 하나는 균형 잡힌 얼굴 이미지, 또 하나는 인위적으로 찡그리게 만든 얼굴 이미지였습니다. 이 두 이미지를 본 아이들의 두뇌 속에서 서로 다른 반응이 일어났습니다. 기회가 된다면 예술 작품을 볼 때 두뇌가 어떻게 반응하는지 자세히 알아보기를 바랍니다. 제 책에서 다룬 내용이지만 예술 작품을 감상하면 의식에 특별하게 접근하는데 도움이 됩니다. 아무리 평범한 것이라 해도 시각적으로 자극을 받으면 반응이 일어납니다. 스타니슬라스 데하네Stanislas Dehaene와 저는 이러한 반응을 가리켜 '발화'라고 불렀습니다. 일종의 생리학적 불꽃이 튀는 상태라 할 수 있습니다. 예술 작품으로 이러한 반응이 커져서 카타르시스가 일어나 더 강력한 반응이 나타나죠. 무엇인가를 보고 깨달으면 생각지도 못한 특별한 감정이 강하게 끓어오릅니다. 가령, 〈사모트라케의 니케〉를 보고 갑자기 눈물을 흘리는 경우가 그렇습니다. 이를 가리켜 '스탕달 신드롬'이라고 합니다. 두뇌 속에서 인식하는 아름다움은 앞으로도 연구할 것이 많습니다. 모든 현상을 이해할 수는 없어도 어디서 무엇을 찾아야 할지는 알아갈 수 있죠. 분야를 개척하는 것이 중요합니다.

과학 분야에서 연구를 하거나 발견을 할 때도 예술 작품을 볼 때처럼 아름다움에 감탄할 수 있을까요?

상제 오랫동안 논의되는 문제이기도 하죠. 과학적 명제에서 느껴지는 아름다움이란 명제가 지니는 진실과 관계되어 있다고 보는 의견이 있으나 확실하지는 않습니다. 다만 생물학적으로 보면 과학 연구에도 아름다운 요소가 있다고 생각합니다. 수학에서도 어려운 문제를 푸는 해답을 찾게 되는 순간을 가리켜 '유레카'라고 합니다. 수학자들은 해답이 '아름답다'라는 말을 자주 합니다. 하지만 수학자들은 왜 해답이 아름다운지 설명하기 힘들어하죠. 어려운 문제를 풀어냈다는 기쁨 때문에 해답이 아름답게 느껴지는 것이 아닌가 합니다. 일종의 감정적인 반응이죠. 방정식이나 과학적 결과가 정확히 맞아떨어지면 아름다움이 느껴진다고 하는 사람들도 있습니다. 이건 아닌 것 같습니다. 만일 결과가 딱 맞게 떨어지지 않았는데 아름답게 느껴지면요? 이 경우에는 연구실이 아니라 미술관에 맞는 성격의 결과겠죠.

예술 작품을 보고 즐거움을 느낄 때 보상 작용이 일어난다고 하면 아름다움에 중독될 수 있다는 뜻인가요?

상제 앞에 있는 제가 바로 그 예입니다. 저는 예술 작품 수집가이기도 합니다. 수집은 욕망을 만족시키는 방식입니다. 단순히 예술 작품을 소유하는 것으로 끝나는 것이 아니라 예술 작품을 곁에 두고 향유하기 위해서입니다. 저는 예술 작품이 없는 환경에서는 살 수 없습니다. 연구가 끝나고 퇴근을 해서 막달레나의 그림을 바라보고 있으면 다른 세계에 와 있는 황홀한 기분입니다. 제가 하는 과학 연구가 일이라면 예술품 감상은 소중한 취미입니다. 열 살 내지 열한 살 정도에, 어린 나이에는 곤충에 수집하는 취미가 있었는데, 주로 파리처럼 날개가 달린 곤충을 수집했습니다.

곤충인 파리 앞에서는 스탕달 신드롬이 안 생기셨나요?

상제 예, 안 생겼습니다. 하지만 곤충들 중에서도 희귀함과 특이함이라는 미학의 기준을 만족시키는 경우가 있었는데 그 새로운 아름다움을 발견하는 것이 즐거웠습니다. 열세 살쯤에 가족과 함께 피렌체와 베니스를 여행했는데 그야말로 예술 작품들을 발견했습니다. 대단한 경험이었죠. 저희 집안이 특별히 예술과 인연이 있는 건 아닙니다. 그런데 우피치 미술관에 들어간 순간 스탕달 신드롬 같은 것을 느꼈습니다. 물론 심각하지 않은 스탕달 신드롬이죠. 요즘은 17세기의 예술 작품을 수집하는 것이 일상의 낙입니다. 취미지만 삶의 중요한 의미로 다가옵니다.

두뇌에서 느끼는 아름다움을 연구하려면 후원을 쉽게 얻을 수 있나요? 요즘 같이 어려운 때에 꼭 필요한 연구라고 설득할 수 있을까요?

···

상제 최근에 네덜란드의 어느 세미나에 초대를 받았습니다. 예술, 신경과학, 경제학, 기타 다양한 인문학을 테마로 한 세미나였습니다. 네덜란드에서는 인문학과 관련된 연구를 위해 후원을 받으려면 신경과학, 수학 같은 과학 분야를 다루는 연구소에 반드시 협력해야 합니다.

어쨌든 진지한 사람들!

···

상제 제가 한 말은 아니지만… 분야마다 나름의 방식이 있습니다. 인문학적 방식과 신경과학적 방식을 융합하면 효과적인 발전을 이루어 기존의 정해진 틀에서 벗어날 수 있다고 봅니다. 인문학이 신경과학과 만날 때 풍부해지고 신경생물학자들도 인문학과 만날 때 한층 발전한다고 생각합니다. 신경생물학자가 인문학과 만나면 새로운 연구 방식을 알게 되면서 두뇌만 연구하고 있을 때는 잘 보이지 않던 것이 무엇인지 알 수 있습니다. 예를 들어 인간의 두뇌는 합리적이고 의식적이고 언어에 강하지만 사회학에서 밝혀진 것처럼 사교적이고 감정적이기도 합니다. 제 책에서 특히 마음이 가는 내용은 사회학자 피에르 부르디외Pierre Bourdieu에 관한 부분입니다. 정확히 말하면 아비투스Habitus, 취향 총체의 기초가 신경계를 기반으로 한다는 내용이죠. 이에 대해 부르디외와 이야기를 나누었습니다. 아울러 부르디외는 이런 테마에 아주 관심이 많았습니다. 안타깝게도 부르디외가 세상을 떠나 더 이상 협력을 해나갈 수가 없었습니다. 지금도 가장 안타깝게 생각하는 일 중 하나입니다.

인터뷰 정리 장프랑수아 마르미옹

신경미학으로 본
두뇌의 초상

Portrait du cerveau en esthète

●

피에르 르마르키 | 신경학자, 작가

신경미학은 예술 작품을 감상하는 등 아름다움을 인식하고 평가할 때 신경생리학적인 요소가 얼마나 영향을 미치는지 과학적으로 접근하는 시도다. 예전에는 철학자들이 관심을 가졌던 영역이다. 이제는 간단한 기술(피부 내구성 측정, 맥박 측정, 혈압 측정)로도 미적 감성이 자극 받았을 때 신경생리학적 반응을 기록할 수 있고, 예술 작품을 탐구하는 눈의 움직임(안구 추적)을 측정할 수 있으며, 신경 촬영으로 얻은 데이터를 해석해볼 수 있게 되었다.

신경미학의 선구자인 세미르 제키Semir Zeki는 시각 데이터 해독 분야의 전문가다. 세미르 제키는 두뇌가 마치 예술가처럼 불필요한 정보를 제거해 대상을 본질적으로 알아가려 한다고 봤다. 이보다 규모는 작지만 마거릿 리빙스톤Margaret Livingstone은 휘도(한쪽 방향에서 본 물체의 밝기)와 입체시를 다루는 신경생리학을 기반으로 모나리자의 미소에 대해 설명했다.

쾌락과 보상을 담당하는 두뇌 영역의 메커니즘을 분석하면 쾌락 지수를 정리할 수 있다. 쾌락 지수는 엄밀히 말해 미적 감성보다 넓은 개념이다. 실험 결과는 다양하게 나타났다. 예술 작품을 볼 때 관람객이 마음에 들지 않는 작품도 아름답다고 생각할 수 있고, 그 반대의 경우도 있었다. 아름답다고 느끼는 감정은 두뇌에서도 가장 고도로 진화한 부분이 담당한다. 무엇인가를 아름답다고 느낄 때는 문화적인 영향도 받지만 균형 잡힌 비율을 긍정적으로 평가하는(대칭을 감각하는) 일과도 관계되어 있다. 아름답다는 감정을 느끼면 이것이 기억으로 남고 두뇌는 흥분 상태가 된다. 기억은 작품 감상을 위해 나타나는 기능이기도 하다. 음악을 들을 때 보면 방금 들은 음을 기억해야 다음 음을 예상할 수 있다. 물론 작곡가가 우리의 예상을 깨면서 놀라움을 안겨줄 때가 많지만 말이다. 전반적으로 기억이라는 기능으로 작품을 친숙하게 느껴 그 작품에 더욱 관심을 가지게 된다.

미적 공감

거울 뉴런(다른 사람의 행동을 거울처럼 따라 하도록 하는 뉴런)은 두뇌의 쾌락과 보상 영역이 연동될 때 미적 공감을 이해하는 길을 열어준다. 이 거울 뉴런을 통해 예술 작품에 공감하고 그 작품에 깃든 아름다움을 느낄 수 있는 것이다. 이를 설명한 철학가들로는 모리스 메를로퐁티, 독일의 철학가 로베르트 피셔Robert Vischer가 있다. 특히 로베르트 피셔는 1872년에 '미적 공감'이라는 용어를 만들었다. 음악을 듣고 있으면 가만히 있는데도 두뇌가 마치 노래하고 춤추는 것처럼 반응한다. 시각예술을 접할 때도 마치 두뇌는 사람을 마주 보고 있을 때처럼 반응하면서 거울 뉴런들이 작동해 시각예술에서 보여주는 행동과 감각을 따라하는 듯한 기분을 느낀다. 추상예술을 접할 때는 예술가의 동작이 작품처럼 인식되어 두뇌가 반응한다. 예를 들어 조각가이자 화가인 루치오 폰

타나Lucio Fontana의 작품을 보면 우리는 작가가 캔버스를 찢을 때 사용한 커터칼을 인식한다. 문학도 마찬가지다. 글을 읽으면서 감각이 동원될 때를 생각하면 된다. 예를 들어 '자스민'이라는 단어가 나오면 두뇌의 후각 담당 영역이 작동한다. 며칠 후, 두뇌의 감각 센서는 계속 강화되면서 마치 소설에 나오는 등장인물들이 우리의 두뇌 안에 사는 것처럼 그들의 생각, 행동, 감정에 동조하게 된다.

따라서 예술 작품은 무방비 상태의 관람객(혹은 독자)을 사로잡아 조종한다. 우리는 작품을 통해 감정을 자극 받으며 미지의 영역에 이끌려 자기 자신은 물론 세상을 잘 이해하게 된다. 심지어 예술 작품은 놀라운 힐링 효과를 준다. 지그문트 프로이트Sigmund Freud보다 앞서 아리스토텔레스가 이런 상태를 가리켜 '카타르시스'라고 했다.

스탕달 신드롬, 작품에 충격을 받을 때

Le syndrome de Stendhal:
quand l'oeuvre est renversante

로미나 리날디 | 심리학 박사, 몽스대학교 강사, 《시앙스 위멘》의 과학 담당 기자

'여행'이라는 말만 들어도 어떤 사람들은 마음이 편해지고 재충전을 떠올린다. 하지만 '여행'이라는 말을 듣고 정신적인 균형이 깨져 심리적으로 불안한 사람들도 있다. 익숙한 도시, 나라, 대륙을 떠나 낯선 곳으로 가게 되면 대상 기능 상실이 일어나는 일이 적지 않다. '여행'이라는 말을 들을 때 흥분되는 경우는 목적지에 따라 반응이 다르게 나타난다. 목적지가 어디냐에 따라 상징적인 의미가 다르기도 하고 여행의 목적이 정해지기도 하기 때문이다.

여행자들이 느끼는 흥분 중에 예술 작품을 접할 때 느끼는 흥분이 있다. 이 증상을 설명한 사람은 1990년대 이탈리아 피렌체 산타마리아누오바병원에서 근무한 정신의학자 그라치엘라 마게리니Graziella Magherini다. 그라치엘라 마게리니는 이 증상을 설명하기 위해 프랑스 작가 앙리 벨Henri Beyle, 필명 스탕달[119]의 경험을 예로 들었다.

1817년 피렌체를 여행하던 스탕달은 산타크로체성당에 걸린 작품들을 보다가 겪은 신비한 경험 이야기를 묘사한 적이 있다. 당시 스탕달은 시스티나예배당에 있던 벽화 〈델포이의 무녀〉를 뚫어져라 보면서 주체할 수 없는 기쁨을 느꼈다. 마침내 감정이 격해진 그는 결국 정신을 잃었다.

미적 경험

위에서 살펴본 반응은 인지와 감정 부분에서 생각해봐야 한다. 어쨌든 도시는 생동감 넘치는 장소다. 우리는 도시에서 다양한 감각적 정보(이미지, 냄새…)를 받아들여 취합하고 기억이라는 끈으로 연결한다(추억). 해당 장소의 역사와 우리가 그 장소에 대해 가지는 이미지에 따라 그 장소는 나름의 상징으로 각인되어 두뇌에 남는다. 이러한 현상을 연구하는 분야가 신경미학이다. 신경미학은 전반적으로 미적 경험(아름다운 것을 접한 경험)을 했을 때 두뇌의 뉴런이 어떤 활동을 하는지에 관심을 둔다. 미적 경험은 두뇌의 시각 담당 영역의 기능이 확대된 상태(연상 작용)라고 할 수 있다. 미적 경험을 한다는 것은 두뇌의 복잡한 신경망, 두뇌의 다양한 부분 사이에 상호작용이 유동적으로 이루어진다는 뜻이기 때문이다.

예술 작품은 두 가지 요소로 되어 있다. 하나는 작품의 이미지(상징이라고 한다. 예를 들어 자화상을 생각해보자). 또 하나는 작품에 나타난 부분(자화상의 소재)이다. 이 두 부분이 불협화음을 일으킬 때 작품을 바라보는 관람객의 반응은 격한 가치 판단으로 나타난다(좋다, 싫다). 안장과 자전거 핸들로 소의 머리 모양을 만든 피카소가 이런 불협화음을 잘 보여준다. 가치 판단은 독자들에게 맡긴다. 인지심리학과 사회심리학에서는 불편함과 심리적 긴장을 일으키는 것이 부조화라고 설명한다. 이를 통해 왜 우리가 자신도 모르게 특정 작품에 빠져들 수 있는지 이해할 수 있다.

심리적 경험

피렌체 같은 도시에 가면 여기저기 감상할 작품이 많아서 심리적, 감정적으로 강렬한 변화가 생길 수 있다는 의견이 있다(심하면 의식을 잃는다). 이 같은 의견은 여전히 논의의 대상이다. 그런데 19세기부터 예술을 접하고 강렬한 감정을 경험했다는 이야기가 많이 나온다. 작가 마르셀 프루스트Marcel Proust는 소설 『잃어버린 시간을 찾아서』를 쓰면서 천식 발작이 여러 번 났다고 알려졌다. 칸트는 아름다운 대상을 보면 매력과 동시에 거부감이 강하게 느껴진다고 말했다. 상상력의 한계를 넘는 대상을 접할 때 사람은 이성을 잃을까봐 두려운 심리를 느낀다는 것이다. 도스토예프스키는 홀바인의 그림 〈무덤 속 예수의 시신〉을 보고 강하게 흥분했다고 알려진다.

이러한 스탕달 신드롬이라는 용어를 만들어낸 피렌체의 정신의학자 그라치엘라 마게리니는 실제로 1989년에 미술관과 갤러리를 다녀온 후 응급 치료를 받고 입원한 환자 100여 명의 사례를 관찰했다.[120] 2009년, 영국과 아일랜드의 연구원들은 《영국의 정신의학 저널》에 72세의 어느 예술가의 사례를 소개했다. 이 예술가는 불면증과 불안감 때문에 정신 상담을 받는 환자였다. 이 증상이 시작된 것은 피렌체를 여행하다가 베키오 다리에 있었을 때부터 라고 했다. 베키오 다리에서 그는 갑자기 두려움을 강하게 느꼈다. 몇 분 동안 정처 없이 방황하던 그는 갑자기 국제기구로부터 미행과 감시를 받는다는 생각을 하게 되었다고 한다.

그렇다면 실제로 미행과 감시를 경험한 사람들이라면 어떨까? 의사이자 작가인 아인 뱀포스lain Bamforth는 스탕달 신드롬은 특별히 새로운 문제도 아니고 특별한 단독 증상도 아니라고 말한다. 원래 약했던 정신이 어느 순간 겉으로 표현되는 것이 스탕달 신드롬이라는 것이다. 더구나 스탕달 신드롬은 인격 장애(특히 경계성 인격 장애) 환자들에게서 나타나기도 하고 스트레스 많은 삶을 살았거나 여행한 도시에 남다른 환상이 있는 등 정신적으로 불안한 사람들에게서 나타난다는 것이다. 이들이 앓고 있던 대상 기능 상실이 불안한 생각, 인식 변화, 학대받는 것 같다는 감정과 결합할 때 대부분 정신 질환 형태로 발현되었다. 초조함이나 심각한 소심함 형태로 나타나는 경우도 있다. 치료 방법은? 이탈리아(혹은 병을 키우는 그런 도시)에서 가능한 빨리 나가는 수밖에 없다!

여행이 주는 충격

그동안 과학계는 스탕달 신드롬을 겪는 경험이 소수 사례에 지나지 않는다고 생각해 거의 관심을 기울이지 않았다. 현재 스탕달 신드롬을 가장 납득되게 하는 설명이 있다. 이 설명에 따르면 스탕달 신드롬의 원인은 예술에게 받은 '공격'이 아니라 '병을 부르는' 여행에 있다. 정신의학자 샤를르 베르메르슈Charles Vermersch[121]의 설명이다. 여행은 스트레스를 자극하는 요소가 많다. 수면 패턴이 달라지고 익숙한 일상에서 떨어져 있는 것이 여행이다. 스트레스 저항 모델 이론에 따르면 인간마다 어느 정도 약한 부분이 있다. 이 약한 부분이 다양한 생물학적, 심리적, 환경적 요인에 따라 견디지 못할 정도로 자극을 받을 수 있다. 주관적인 관점에서 이야기하자면, 갑자기 생각나는 일화가 있다. 몇 년 전에 나는 피렌체를 여행했다. 피렌체는 아름다웠고 그만큼 사람들로 넘쳐났다. 노천 미술관을 구경하는 사람들은 셀 수 없이 많았다. 특히 베키오 다리를 지나간다면 감각을 곤두세워야 한다. 베키오 다리가 숨이 넘어갈 만큼 아름답기도 하지만, 매우 혼잡하기 때문이다. 거리의 예술가들, 관광객 무리, 노점상들, 자동차에 밀려 좁디좁은 길로 밀려났다. 어찌나 좁은지 사람들이 한 줄로 서서 도시를 구경했다. 여기에 역사적 유산이 가득한 도시 특유의 분위기가 있고 여행에 대한 기대로 들떠 있는 상태다 보니 심리적으로 고삐가 풀리게 된다. 스탕달이 한 경험이 그리 특별하지 않다는 뜻이다.

사실, 물건이나 유적지가 강렬한 감정을 불러일으키는 무언가를 직접 전하지는 않는다. 처음으로 어떤 장소와 물건을 접할 때 감정적인 느낌을 받게 된다. 잘 모르는 장소에 있다면 긴장되고 불안하다. 이 감정을 스탕달의 소설 속 인물의 눈으로 보자면, 이 모든 것이 삶의 경험으로 이어지고 그 경험이 우리 각자에게 있는 약한 부분을 건드릴 수 있다.

현대 예술이 생각하는
아름다움의 가치

La valeur de beauté à l'épreuve
de l'art contemporain

●

나탈리 아이니크 | 프랑스 국립과학연구원 소속의 사회학자

"아주 예쁘군요. 사고 싶지는 않지만요." 현대 예술 구매 위원회의 어느 회원이 미술 작품을 구입해달라는 제안을 듣고 한 말이다. 누구나 거절할 때 하는 말이라 놀랍지 않았을지도 모른다. 역설적인 말이다. 서구 문화에서는 전통적으로 아름다움의 가치를 이야기하는 예술 분야에서 '예쁘다'라는 말은 대상의 가치를 높이기 위해서가 아니라 가치를 낮추기 위해 전형적으로 사용된다. 그러니까 예술 분야에서 '예쁘다'는 작품의 가치를 낮추는 형용사다. 특히 현대 예술계가 그렇다. 현대 예술은 배경에 따라 가치 판단이 다양하게 이루어져 놀라울 정도다. 현대 예술의 '패러다임'(현대 예술 분야에서 기준을 무의식적으로 정하는 공통 개념)에서 아름다움은 과거에 비해 그리 중요한 가치가 아니다. 실제로 '고전의 패러다임'에서는 작품에 표현된 소재는 물론 작품 전체가 미의 기준에 맞고 뛰어나게 표현될 때 위대한 예술이라고 불렀다. 하지만 '근대 패러다임'에서는 예술가의 내면이나 관점이 탁월하게 표현되는 작품을 훌륭하다고 평가했다. 고전적인 미의 기준을 따르지 않아도 상관없었다. 이처럼 근대 예술에서는 오랫동안 중시되던 아름다움이 아니라 진정성의 가치를 높이 샀다. 즉, 작품의 가치는 작품 자체(그림의 소재)가 아니라 작품의 기법에 있다고 보는 것이다.

그런데 현대 예술은 근대 예술보다 아름다움을 가치의 순서에서 더 뒤로 밀어버린다. 여기서 말하는 가치는 전문가들(일반 사람들이 아니라)이 작품의 품질을 평가하기 위해 고려하는 가치를 말한다. 심지어 작품 자체가 이러한 가치를 '보이콧' 하는 것처럼 보이기도 한다. 전문가들이 생각하는 예술 패러다임을 다룰 때 오히려 작품의 가치가 떨어진다고 보는 것이다.

현대 예술이 가치를 거부한다는 것은 무슨 뜻일까? 그러니까 긍정적인 것이라도 평가 자체를 받지 않겠다는 것일까, 아니면 가격을 매길 수 없다는 것일까? 그건 아니다. 모든 대상은 다양한 가치에 따라 평가를 받을 수 있기 때문이다. 심지어는 고전 예술에서도 작품을 평가할 때 아름다움만 보지는 않았다. 흔히 미학 전문가들이 오해하는 것과 달리 아름다움의 가치가 모든 예술에서 단 하나의 가치가 된 적은 없다. 예술뿐만 아니라 다른 분야에서도 아름다움만 평가 대상이 되지는 않는다.

현대 예술의 가치

"아주 흥미롭군요." 앞에서 나온 위원회의 회원이 어느 작품을 평가하면서 한 말이다. 회원이 작품을 진정으로 마음에 들어 한다면 작품을 좀 더 세밀하게 해석했을 것이다. 즉, 작품이 전하는 느낌을 이야기하고 작품이 우리에게 전하는 다양한 의미를 생각하고 예술의 역할과 소비 사회에 대해 토론을 하려고 했을 것이다. 한마디로 마음에 드는 작품이라면 의미를 부여해 이런저런 해석을 했을 것이다. 이처럼 현대 예술이 기본적으로 중시하는 가치는 '의미 부여'이다. 고전 패러다임에도 이러한 가치는 존재했다. 역사 장면을 그린 회화 작품이 대표적이다. 하지만 초상화, 풍경화, 풍속화, 정물화에서는 '의미 부여'라는 가치는 상대적으로 중요하지 않았다. 그러나 현대 예술에서는 장르에 관계없이 작품 속의 의미가 무엇인지를 따지는 '의미 부여'가 아름다움보다 훨씬 중요하다. 그러다 보니 현대 예술가들은 아주 자유롭게 작품을 구상하고 대중 입장에서는 상식적으로 '추하다'고 생각하는 작품을 내놓는다. 혐오스러운 이미지, 역겨운 물건, 혹은 평범하기 그지없는 물건이 현대 예술의 소재가 되는 이유다.

현대 예술에서는 아름다움은 더 이상 가치 있는 것이 아니고 추함도 더 이상 흠이 아니다. 아름다움은 가치에 반대하는 것이 되었고 추함도 장점이 될 수 있다. 실제로 추하고 역겨운 것을 경험할 때 감정이 강하게 일어난다. 비록 부정적인 감정이라도 말이다. 그런데 감각, 흥분, 감정도 가치다. 감각, 흥분, 감정에 따라 우리는 특정 물건, 특정 상황, 특정 사람에게 긍정적인 가치를 부여한다. 말초적인 분야가 그렇다. 감각을 느끼는 쾌락이 그냥 좋은 것이다. 미학에서는 쾌락을 약점으로 생각하지만, 쾌락도 가치다. 쾌락도 현대 예술이 활용하는 가치에 속한다. 현대 예술은 아름다움의 가치보다는 쾌락의 가치에 더욱 중점을 둔다. 쾌락은 아름다움과 달리 조화로 축소되지 않고 흥분을 추구하는 방향으로 확대되는 가치이기 때문이다.

현대 예술의 세 번째 기본 가치는 고전 패러다임과 근대 패러다임과는 다른 놀이와 실험의 가치다. 예술의 한계 혹은 경계를 경험하면서 느끼는 가치다. 그렇기 때문에 현대 예술의 세계에서는 조롱과 냉소는 필수적으로 매우 중요하게 다루어지는 평가 기준이 되었다. 그래서 고전 패러다임이나 근대 패러다임을 선호하는 사람들에게는 현대 예술이 중시하는 가치를 받아들이기가 무척 힘들다.

　신세대를 중심으로 현대 예술의 트렌드도 새롭게 발전했다. 참여 예술, 의식 작용 예술, 사회 비판 예술이 등장한 것이다. 그리고 또 한편에서는 일부 현대 예술 작품의 판매 가격이 천정부지로 솟고 있다(시장경제인 21세기의 특징이다). 그리고 예술계와 명품계의 협업도 활발하다(대중 참여와 명품은 서로 대조를 이룬다. 현대 예술은 명품의 막강한 영향력을 보여주며 의식을 높이고자 협업을 하는 것일까?). 어쨌든 작품의 가격을 봐도 그렇고, 새로운 현대 예술 세계에서 돈이 차지하는 위상도 그렇고, 경제적 가치도 작품의 가치를 긍정적이든, 부정적이든 전반적으로 평가하기 위해 필요한 것이 되었다.

가치 체계에서 가치를 매기는 시스템까지

가치를 따라 생각하지 않고 가치 체계로 묶어서 생각하면 현대 예술이 펼쳐지는 공간이 이해가 된다. 현대 예술의 가치 체계에서 미학은 부차적인 것이 되거나 역설적인 것이 되었다(추함을 소재로 삼는 현대 예술). 이에 비해 의미 부여, 감각(작품 앞에서 느끼는 즐거움), 놀이, 참여 가치가 중요해졌다. 시장 관점에서는 경제적 가치도 중요해졌다. 그런데 고전 패러다임에서 매우 중시되던 정교한 기법은 그리 중요해지지 않았다(정해진 코드와 기대를 풍자하기 위해서 사용하는 정교한 기법은 예외). 근대 패러다임에서 중시되던 순수함의 가치[122]도 현대 예술에서는 낡은 가치가 되었다. 근대 예술 팬들이 이 말을 들으면 절망할지도 모르겠다.

　현대 예술이 기본적인 가치로 삼는 것은 바로 개성이다. 현대 예술계에서는 개성을 가장 중시한다. 그래서 현대 예술계에서는 새롭고 혁신적이며 정해진 기준에서 벗어나는 작품은 긍정적으로 평가하지만, 전형적이거나 식상한 작품은 부정적으로 평가한다.

가치 체계를 기준으로 현대 예술의 주요 특징을 보면 개성이라는 시스템에서 진화하는 예술이라고 할 수 있다. 그러니까 독특하고 혁신적이며 범상치 않은 것에 긍정적인 가치를 부여하는 예술이다. 물건, 사람, 행동, 세계정세에 관계없이 개성 있게 표현하는 예술이다. 반대로 고전 패러다임은 공동체 시스템에서 성장해 공통적인 것, 합의된 것, 공감하는 것을 기본적으로 중시했다. 근대 패러다임은 정해진 형태의 기준을 이탈하는 것을 추구해 개성을 장점으로 삼았으나, 개성을 형태로 표현하는 것에 그쳤다. 하지만 현대 예술은 예술의 경계를 파괴하며 영역을 넓혀간다.

하지만 개성에도 역설적인 면이 있다. 개성은 제한적으로나마 인정을 받게 되면 더 이상 개성이 아니라 소수의 사람들 사이에서 표준이될 수 있다. 그래서 요즘 현대 예술가들은 개성을 추구하면서도 그 한계도 인정한다.

현대 예술이 추구하는 무가치와 기존 가치 파괴

현대 예술의 가치 체계를 알지 못하면 왜 현대 예술이 아름다움의 가치를 상대적으로 삼거나 기존의 아름다움의 가치를 뒤집으려 하는지 제대로 이해할 수가 없다. 끝으로 다룰 부분은 현대 예술이 추구하는 '무가치'와 기존 가치의 파괴다. 무가치는 특정 잣대로 평가할 수 없다는 것이고 가치 파괴는 기존의 잣대로 작품의 보통 가치가 폄하되는 것을 막는 일이다.

보통, 작품에 들어가는 정성이 보이지 않을 때 가치가 없다고 한다. 특히 서민들은 노동을 하는 입장이기에 예술가가 얼마나 공들여 작품을 만들었느냐를 보고 가치를 평가한다. 현대 예술 작품이 정성이 부족해 보인다고 비판받는 이유다. 그러나 정작 현대 예술계는 이러한 비판을 크게 신경 쓰지 않는다. 현재 예술계에서는 작업을 한 가지 잣대로만 평가하지 않기 때문이다.

무가치와 가치 파괴 사이에서 방황하는 또 다른 가치는 지속성이다. 예술과 문화유산 전통에서 기본적으로 중시하는 부분이 지속성이다. 하지만 많은 현대 예술 작품은 태생적으로 일시적이거나(공연, 설치 예술), 변화하거나, 예술가가 스스로 파괴하거나, 시간이 지나 소재들이 변형되어 없어지는 성격을 지녔다. 현대 예술 작품이 지속적으로 남으려면 사진이나 영상을 이용할 수밖에 없다. 현대 예술이 지속성을 중시하지 않는 이유는 예술의 경계를 넘나드는 것을 기본 문법으로 삼기 때문이다.

끝으로 현대 예술계에서 도덕은 분명 파괴해야 할 가치다. 반대로 고전 패러다임에서는 예술 작품이 교훈을 전하는 것을 중시할 때가 많았다. 근대 패러다임에서는 조형이 중요하지 테마는 중요하지 않았다. 현대 예술에서 도덕적인 교훈은 혐오의 대상이다. 실제로 현대 예술은 도덕이라는 가치에 도전하며 외설, 신성모독, 동물의 고통을 소재로 삼는다. 현대 예술은 한계를 경험하고 개성을 추구하는 일을 중요하게 생각한다. 윤리와 미학 기준을 아슬아슬하게 파괴하며 극적인 긴장을 불러일으키는 현대 예술 작품의 예는 수도 없이 많다. 고전 패러다임에서 아름다움은 도덕과 강하게 연결되어 있으나 현대 패러다임에서 아름다움과 도덕은 보이지 않을 뿐더러 파괴해야 할 가치가 되었다. 아름다움과 도덕을 거부하는 현대 예술 작품일수록 오히려 가치가 올라간다.

가치를 기준으로 하는 접근

현대 예술이 아름다움을 높이 평가하지 않는다고 해서 현대 예술 작품 중에 아름다운 것이 하나도 없다는 뜻은 아니다. 누군가에게는 아름답게 보일 현대 예술 작품들도 있다. 다만 현대 예술은 아름다움이라는 획일적인 가치에 반대한다는 뜻이다. 적어도 전문가들은 현대 예술을 볼 때 아름다운가, 아름답지 않은가라는 기준으로 평가하지 않는다. 현대 예술에서 중요한 것은 작품 자체가 아니다. 작품의 가치를 높여주는 방식, 그러니까 예술가가 중시하거나 비판하는 가치를 작품 속에서 불어넣는 방식이 중요하다. 그래서 현대 예술의 정신을 분석하는 이 글에서도 특정 작품의 제목과 특정 예술가의 이름을 인용하지 않았다. 구체적인 생산물로서의 작품을 소개하는 글이 아니기 때문이다.

현대 예술은 가치 체계에서 아름다움을 뒤로 밀어버렸다. 그렇기 때문에 여기에 익숙하지 않은 사람들, 고전 패러다임, 특히 근대 패러다임에 속하는 가치에 따라 예술을 평가하는 사람들에게 현대 예술은 너무나 낯설다. 물론 현대 예술에 강하게 반대하는 목소리도 있다. 현대 예술에 대해 어떤 의견을 가지든 자유이기는 하지만 현대 예술에 반대하는 이유를 이해하기 위해서도 현대 예술을 가치 체계 관점에서 먼저 이해를 해야 한다.

주석

• • •

얼굴, 아, 아름다운 얼굴

1 M.R. Cunningham et al., "'Their ideas of beauty are, on the whole, the same as ours' : Consistency and variability in the cross-cultural perception of female physical attractiveness", *Journal of Personality and Social Psychology*, vol. LXVIII, n° 2, fevrier 1995.

2 M.R. Cunningham, "Measuring the physical in physical attractiveness: Quasi-experiments on the socio- biology of female facial beauty", *Journal of Personality and Social Psychology*, vol. L, n° 5, mai 1986.

3 R. Thornhill et S.W. Gangestadt, "Human facial beauty: Averageness, symmetry, and parasite resistance", *Human Nature*, vol. IV, n° 3, 1993.

4 J.H. Langlois et L.A. Roggman, "Attractive faces are only average", *Psychological Science*, vol. I, n° 2, mars 1990.

5 D.I. Perrett, K.A. May et S. Yoshikawa, "Facial shape and judgements of female attractiveness", *Nature*, vol. CCCLVIII, n° 6468, 17 mars 1994.

6 J.-Y. Baudouin et G. Tiberghien, "Symmetry, closeness to average, and size of features in the facial attractiveness of women", *Acta Psychologica*, vol. CXVII, n° 3, 2004.

7 K.K. Dion, E. Berscheid et E. Walster, "What is beautiful is good", *Journal*

of Personality and Social Psychology, vol. XXIV, n° 3, 1972 ; A.H. Eagly et al., "What is beautiful is good, but...: A meta-analytic review of research on the physical attractiveness stereotype", *Psychological Bulletin*, vol. CX, n° 1, juillet 1991.

8   A. Farina *et al.*, "The role of physical attractiveness in the readjustment of discharged psychiatric patients", *Journal of Abnormal Psychology*, vol. XCV, n° 2, mai 1986.

9   L.A. Zebrowitz et S. McDonald, "The impact of litigants' babyfacedness and attractiveness on adjudications in small claims courts", *Law and Human Behavior*, vol. XV, 1991.

10 M.R. Cunningham *et al.*, "Their ideas of beauty are, on the whole, the same as ours : Consistency and variability in the cross-cultural perception of female physical attractiveness", *op. cit.*

11 A. Todorov *et al.*, "Social attributions from faces: Determinants, consequences, accuracy, and functional significance", *Annual review of psychology*, vol. 66, janvier 2015.

아름다움, 고정관념, 그리고 차별

12 J.S. Pollard, "Attractiveness of composite faces: A comparative study", *International Journal of Comparative Psychology*, 8 (2), pp. 77-83, 1995.

13 D.I. Perrett, K.A. May et S. Yoshikawa, "Facial shape and judgements of female attractiveness", *Nature*, 368 (6468), pp. 239-242, 1994.

14 K. Dion, E. Berscheid et E. Walster, "What is beautiful is good", *Journal of Personality and Social Psychology*, 24 (3), pp. 285-290, 1972.

15 A.M. Griffin et J.H. Langlois, "Stereotype directionality and attractiveness stereotyping: Is beauty good or is ugly bad?", *Social cognition*, 24 (2), pp. 187-

206, 2006.

16 D. Bazzini, L. Curtin, S. Joslin, S. Regan et D. Martz, "Do animated Disney characters portray and promote the beauty-goodness stereotype?", *Journal of Applied Social Psychology*, 40 (10), pp. 2687-2709, 2010.

17 K.L. Wuensch, W.A. Castellow et C.H. Moore, "Effects of defendant attractiveness and type of crime on juridic judgement", *Journal of Social Behavior and Personality*, 6, pp. 1-12, 1991.

18 M.M. Clifford et E. Walster, "The effect of physical attractiveness on teacher expectations", *Sociology of education*, pp. 248-258, 1973.

19 M. Hosoda, E.F. Stone-Romero et G. Coats, "The effects of physical attractiveness on job-related outcomes: A meta-analysis of experimental studies", *Personnel psychology*, 56 (2), pp. 431-462, 2003.

20 이에 대해서는 다음을 참조하라. T. de Saint Pol, *Hommes et femmes face à leurs poids*(PUF, 2010) 중에서 "Le corps désirable".

21 D. Conley, R. Glauber, "Gender, body mass, and socioeconomic status: new evidence from the PSID", *Advances in health economics and health services research*, 17 (6), pp. 253-275, 2006.

22 J.R. Udry, B.K. Eckland, "Benefits of being attractive: Differential payoffs for men and women", *Psychological Reports*, 54 (1), pp. 47-56, 1984.

23 M. Erian, C. Lin, N. Patel, A. Neal et R.E. Geiselman, "Juror verdicts as a function of victim and defendant attractiveness in sexual assault cases", *American Journal of Forensic Psychology*, 16 (3), pp. 25-40, 1998.

24 R. Puhl, K.D. Brownell, "Bias, discrimination, and obesity", *Obesity research*, 9 (12), pp. 788-805, 2001.

25 M.R. Hebl, J. Xu, "Weighing the care: physicians' reactions to the size of a patient", *International journal of obesity*, 25 (8), pp. 1246-1252, 2001.

당신의 아름다운 털

26 이에 대해서는 다음을 참조하라. P. L. van den Berghe et P. Frost, "Skin color preference, sexual dimorphism and sexual selection: A case of gene culture co-evolution?", *Ethnic and Racial Studies*, 1986, 9: 1, pp. 87-113.

27 이 장의 참고문헌은 다음과 같다.

M.-F. Auzépy et J. Cornette (dir), *Histoire du poil*, Belin, 2011.

J. Da Silva *Du velu au lisse. Histoire et esthétique de l'épilation intime*, Complexe, 2009.

H. Eilberg-Schwartz et W. Doniger (dir.), *Off with her head. The denial of women's identity in myth, religion and culture*, California UP, 1995.

C. Hallpike, "Social Hair", *Man*, 4, 1969, pp. 256-264.

SNS에서 자기 연출, 잘생긴 얼굴과 못생긴 얼굴을 넘어

28 S. Tisseron, "Intimité et extimité", *Communications*, 2011/1 n° 88, pp. 83-91.

29 이에 대해서는 다음을 참조하라. M. Gagnebin, *Fascination de la laideur: L'endeçà psychanalytique du laid*, Seyssel, 1994, Champ Vallon, p. 145.

30 P. Bourdieu, (dir.), *Un art moyen*, les Éditions de Minuit, 1965, p. 54.

31 같은 책. p. 60.

32 *The Documentary Impulse*, Phaidon, 2016.

33 같은 책. p.6.

34 이미지나 동영상을 포함한 메시지.

35 P. Escande-Gauquié et B. *Naivin, Monstres 2.0. L'autre visage des réseaux sociaux*, François Bourin, 2018.

36 "Bons baisers d'Instagram : des vacances approuvées par le réseau social", www.lemonde.fr에 실린 기사.(2018/08/03)

37 *Dans la disruption. Comment ne pas devenir fou?*, Les liens qui libèrent, 2017.

38 F. Hartog, *Régimes d'historicité: Présentisme et expérience du temps*, Seuil, 2003.

39 이에 대해서는 다음을 참조하라. l'article du journal *Le Monde*: https://www.lemonde.fr/pixels/article/2018/05/24/les-enfants-petites-starsdes-chaines-familiales-polemiques-sur-youtube_5303731_4408996.html

40 이 장의 참고문헌은 다음과 같다.

S. Bright, *Auto Focus, L'autoportrait dans la photographie contemporaine*, Thames & Hudson, 2006.

J. Saltz et D. Coupland, *Ego Update*, Verlag der Buchhandlung Walther Konig, 2015.

B. Naivin, "'Je-suis-à-vous-là': Quand le mobile remplace l'appareil photo", *Mobilisations 02*, catalogue du collectif Mouvement Art Mobile, Québec, Mouvement Art Mobile édition, 2017.

성별과 미추의 이분법

41 Aristote, *Physique*, 1, 9, 192 a, 25-27, trad. H. Carteron, Les Belles Lettres, 1926, p. 49.

42 Hésiode, *La Théogonie, Les travaux et les jours et autres poèmes*, trad. P. Brunet, commentaires de M.-C. Leclerc, Livre de Poche, 1999, p. 99.

43 J.-P. Vernant, *L'Univers, les Dieux, les hommes, Récits grecs des origines*, Point Seuil, 1999, p. 80.

44 Synonyme de poche, d'enveloppe, d'estomac, de ventre.

45 같은 책.

46 P. L'Hermite-Leclercq, "L'Ordre feodal (xie-xiie)", in *Les femmes au Moyen Age*, sous dir. de C. Zuber, Plon, 1990, p. 237.

47 D. Diderot, *Encyclopédie ou Dictionnaire raisonné des Sciences, des Arts et des métiers*, t. X., Neufchâtel, Samuel-Faulche, 1765, p. 113.

48 A. Dumas, fils, "La vieille fille", in *Journal des Demoiselles*, Imprimerie V. Dondet-Dupré, 1848, p. 229.

49 Spinoza, *Traité politique*, trad. C. Appuhn, Garnier, 1929, chapitre 11, § 4., p. 74.

50 É. Durkheim, (1893), *De la division du travail social*, PUF, 1998, p. 21.

51 E. Kant, *Observation sur le Sentiment du beau et du sublime*, Vrin, 1997, p. 39.

52 P.-J. Proudhon, *De la justice dans la révolution et dans l'église, nouveaux principes de philosophie pratiques*, Garnier, 1858, p. 454.

53 P.-J. Proudhon, *La Révolution sociale*, Garnier, 1852, p. 169.

54 M. Houellebecq, *Les Particules élémentaires*, J'ai lu, 2006, p. 153.

55 J.-P. Sartre, *L'Être et le néant, Essai d'ontologie phénoménologique*, Gallimard, 1976, p. 307.

56 D. Hume, *Traité de la nature humaine*, Livre II, partie 1, section 5, Philippe Folliot(옮긴이).

57 V. Despentes, *King Kong Théorie*, Grasset, 2006, p. 9.

58 M. Tournier, *Le Médianoche amoureux*, Folio, p. 14.

59 É.-E. Schmitt, *Variations Enigmatiques*, Albin Michel, 1996, p. 161.

아름답지 않아도 사랑할 수 있을까

60 J. Sadr et L. Krowicki, "Face perception loves a challenge: Less information sparks more attraction", *Vision Research*, 157, pp.61-83, 2019.

61 D. Singh et D. Singh, "Shape and significance of feminine beauty: An evolutionary perspective", *Sex Roles*, 64, pp.723-731, 2011.

62 P. W. Eastwick et E.J. Finkel, "Sex differences in mate preferences revisited: Do people know what they initially desire in a romantic partner?", *Journal of Personality and Social Psychology*, 94, pp.245-264, 2008.

63 I. Van Straaten, R. Engels, C. Finkenauer et R. Holland, "Meeting your match: How attractiveness similarity affects approach behavior in mixed-sex dyads", *Personality and Social Psychology Bulletin*, 35, pp.685-697, 2009.

64 D.P.H. Barelds et P. Dijkstra, "Positive illusions about a partner's physical attractiveness and relationship quality", 6(2), pp.263-283, 2009.

외모와 직업

65 이 장의 참고문헌은 다음과 같다.

T. de Saint Pol, *Le corps désirable*, PUF, 2010.

J.-F. Amadieu, *La société du paraître. Les jeunes, les beaux et les autres*, Odile Jacob, 2016.

J.-P. Poulain, *Sociologie de l'Obésité*, PUF, 2009.

외모로 차별받지 않을 권리

66 이에 대해서는 다음도 참조하라. 차별 예방 분야에 지역사회법을 적용하기 위한 각종 규정을 다룬 2008년 5월 27일 법 제2조, 공무원의 권리와 의무에 관한 1983년 7월 13일 법 제6조, 형법 제225-3조.

67 이 장의 참고문헌은 다음과 같다.

인권보호기구, 외모에 따른 직업 차별에 관한 n° 2019-205 프레임워크 결정, 2019년 10월 2일.

J. Mattiussi, *L'apparence de la personne physique*, LEH, 2018, vol. 27.

É. Pélisson (dir.), *L'apparence physique, motif de discrimination. Entre norme, codes sociaux, esthétisation et rejet de la différence visible*, Science po Lille, 2012.

광기의 1920년대, 새로운 미의 탄생

68 M. Proust, *À la recherche du temps perdu, t. II: À l'ombre des jeunes filles en fleur*,

1918, rééd. Gallimard, coll. "Folio", 1988.

69 Colette, *Le Voyage égoïste*, 1922, rééd. LGF, 1989.

70 D. Desanti, *La Femme au temps des années folles*, Stock, 1984.

71 V. Margueritte, *La Garçonne*, 1922, rééd. Flammarion, coll "J'ai lu", 1972.

72 D. Desanti, 앞의 책.

73 M.L.L. Bibesco, *Le Rire de la naïade*, Grasset, 1935.

74 A.M. Sohn, "Entre-deux-guerres, les rôles féminins en France et en Angleterre", in G. Duby et M. Perrot, *Histoire des femmes en Occident*, Plon, 1992.

75 P. Géraldy, *La Guerre, Madame...*, éd. Jean Crès, 1936.

76 H. de Montherlant, *Coups de soleil* (écrit entre 1925 et 1930), 1950, rééd. Gallimard, 1976.

77 D. Desanti, 앞의 책.

78 M. Marelli, *Les Soins scientifiques de beauté*, éd. J. Oliven, 1936.

79 P. Richer, *Morphologie, la femme*, T. III: *Nouvelle anatomie artistique du corps humain*, Plon, 1920.

평범하지 않은 몸에 깃든 아름다움을 보다

80 M. Nuss, *Un autre regard*, Suisse, Cahiers médico-sociaux, 4e trimestre 2001.

81 M. Merleau-Ponty, *Phénoménologie de la perception*, Gallimard, 1976, p. 216.

82 B. Pascal, *Pensées*, éd. Garnier, 1965, Fragment 82, conforme à l'ed. Brunschvicg, 1904-1914, p. 95.

83 강조한다.

84 M. Merleau-Ponty, 앞의 책, p. 82.

85 M. Merleau-Ponty, 같은 책, p. 81.

86 물론 존중을 받기 위해 스티븐 호킹이 될 필요는 없다. 서로가 진심 어린

눈길로 바라보려면 존중이 기본이 되어야 한다. 이를 위해서는 모든 사람
이 평등하게 있는 모습 그대로 소중히 대접받아야 한다.

87   D. Moyse, *Handicap : pour une révolution du regard*, P.U.G, 2010.

괴물 안에 깃든 아름다움

88   이 장의 참고문헌은 다음과 같다.

R. Bertrand, A. Carol (dir.), *Le monstre humain, imaginaire et société*, PUP, 2005.

R. Bogdan, *La fabrique des monstres*, Alma, 2013.

A. Caiozzo, A.-E. Demartini (dir.), *Monstres et imaginaire social*, Créaphis,
2008.

J.-J. Courtine (dir.), *Histoire du corps*, tome 3, Seuil, 2006.

신체이형장애, 특정 부위에 대한 집착

89   이 장의 참고문헌은 다음과 같다.

J. Tignol, *Les défauts physiques imaginaires*, Odile Jacob, 2006.

F. Nef et E. Hayward, *Aimer son corps et s'accepter*, Odile Jacob, 2008.

T. Ben Sahar, *L'apprentissage de l'imperfection*, Pocket, 2011.

장식으로 보는 아름다움의 양면성

90   L. Rollin, *Mœurs et coutumes des anciens Maoris des îles Marquises*, Stepolde, 1974.

91   P. Pons, *Peau de brocart. Le corps tatoué au Japon*, Seuil, 2000.

92   C. Falgayrettes-Leveau, *Corps sublimes*, Musée Dapper, 1994.

93   J.-C. Faris, *Nuba Personal Art*, University of Toronto, 1972.

94   C. Lévi-Strauss, *Tristes tropiques*, Plon, 1955.

95   L. Rollin, 앞의 책.

96   P. Pons, 앞의 책.

97 R. Jaulin, *La mort Sara*, 10-18, 1971.

98 이 장의 참고문헌은 다음과 같다.

F. Cheng, *Cinq méditations sur la beauté*, Albin Michel, 2006.

V. Ebin, *Corps décorés*, Chêne, 1979.

C. Falgayrettes-Leveau (dir.), *Signes du corps*, Musée Dapper, 2004.

성형수술의 대단함과 부작용

99 이 두 사람과 성형수술의 역사에 대해 더 자세히 읽고 싶다면 다음의 흥미로운 기사를 참조할 것. G. Jost, "Histoire de la chirurgie plastique", *Les cahiers de médiologie*, Gallimard, 2003/1

100 SNCPRE(Syndicat national de chirurgie plastique, reparatrice et esthetique) 사이트에서 언급한 다음 경우를 참조할 것. : https://www.sncpre.org/espace-public/chirurgie-plastique-reconstructrice-ou-esthetique/

101 https://www.sncpre.org/espace-public/fiche-de-consentement-eclaire-a-destination-des-patients/

102 https://www.ifop.com/wp-content/uploads/2018/07/115665-Rapport.pdf

103 자세히 알아보려면 다음을 참조할 것. https://www.facebook.com/pg/Model.Martina.BIG/about/?ref=page_internal

104 https://www.lemonde.fr/m-moyen-format/article/2017/10/06/en-coree-dusud-le-bistouri-est-a-la-fete_5197264_4497271.html

105 이 장의 참고문헌은 다음과 같다.

H. Delmar, *Philosophie de la chirurgie esthétique*.

J.-F. Mattéi, *Une chirurgie nommée désirs*, Odile Jacob, 2011.

A. Gotman, *L'identité au scalpel. La chirurgie esthétique et l'individu moderne*, Liber, 2016.

신체 예술, 예술 작품이 되는 인간의 몸

106 이 장의 참고문헌은 다음과 같다.

N. Thomas, *Body Art*, Thames & Hudson, 2014.

S. O'Reilly, *The Body in Contemporary Art*, Thames & Hudson, 2009.

D. Le Breton, *Signes d'identité. Tatouages, piercings et autres marques corporelles*, Métailié, 2002.

T. Warr, *The Artist's body*, Phaidon, 2012.

R. Goldberg, *Performance now*, Thames & Hudson, 2018.

J. Butler, *Trouble dans le genre. Le féminisme et la subversion de l'identité*, La Découverte, 2006.

M. Abramovic, *Traverser les murs: Mémoires*, Fayard, 2017.

C. Dreyfus, "Michel Journiac. Corps-viande ton contenu est social…", *Inter*, 87, 2004, pp. 61-63.

가볍게 살펴보는 문신의 역사

107 https://www.ifop.com/wp-content/uploads/2018/09/115767-Rapport-LC.pdf

108 만일 디자인(모양, 테마)이나 시술 시점이 아쉽다면(술을 마시거나 마약을 하고 나서 타투를 하면 생각지 못한 결과가 나올 때가 있다) 타투를 레이저로 지울 수 있다. 하지만 지우고 싶다고 해서 다 뜻대로 되는 건 아니다. 설령 안전하게 지울 수 있다고 해도 할 때보다 지울 때 비용이 더 많이 든다. 또 타투를 한 부위가 적을 때는 잘 지워지지만 부위가 넓으면 지우기가 더 힘들다.

109 세계적으로 유명한 타투 예술가, 국립타투예술가노조SNAT 공동 창립자이자 대표. 파리에서 열리는 세계 타투 대회를 주최하고 있으며 2014년~2015년에 케브랑리박물관(자크 시라크 대통령이 만든 파리의 박물관)에서 열

린 〈타투를 한 타투 예술가〉 전시회의 예술 고문으로도 활동한 적이 있다. 타투 예술 활동은 1980년대에 처음 시작했다.

110 이런 연대기적 이야기를 구성하기 위해 다양한 자료를 활용했다. 주로 참조한 것은 다음과 같다. J. Pierrat et E. Guillon, *Les Hommes illustrés*(2000); F. Forment et M. Brilot, *Tatu-Tattoo!*(2004); D. Le Breton, *Signes d'dentité*(2002).

111 이 장의 참고문헌은 다음과 같다.

D. Le Breton, *Signes d'identité: Tatouages, piercing et autres marques corporelles*, Métailié, 2002.

D. Le Breton, *La Peau et la Trace: Sur les blessures de soi*, Métailié, 2003.

J. Pierrat, É. Guillon, *Les Hommes illustrés: le tatouage des origines à nos jours*, Larivière, 2000.

Collectif, *Tatu, tattoo!*, Cinq continents éditions, 2004.

Hors-Série Hey! *Tattoo*, Ankama Éditions, 2014.

동물의 아름다움

112 G. Appollinaire, "Le Paon", in *Œuvres poétiques complètes*, Gallimard, Bibliothèque de la Pleiade, 1956.

113 이 장의 참고문헌은 다음과 같다.

B. de Panafieu et J.-F. Marmion. *Séduire comme une biche*, La Salamandre, 2017.

J.-B. de Panafieu. *Les bêtes biscornues, saugrenues, toutes nues*, Gulf Stream, 2013.

자연적인 아름다움과 예술적인 아름다움

114 다음 책을 참조하라. N. Heinich, *De la visibilité*, Gallimard, 2005.

115 F. Monneyron, *La Photographie de mode. Un art souverain*, PUF, 2010.

116 C. Baudelaire, *Le Peintre de la vie moderne*, Gallimard-Pléiade, p. 1184.

117 다음의 책을 참조하라. *La Frivolité essentielle*, PUF 2001, puis 2008, 2014, et *L'Imaginaire du luxe* (avec P. Mathieu), Imago, 2015.

118 *Mademoiselle de Maupin*, Garnier, 1960, p. 201.

스탕달 신드롬, 작품에 충격을 받을 때

119 C. Vermersch, P. A. Geoffroy, T. Fovet, P. Thomas et A. Amad, "Voyage et troubles psychotiques: clinique et recommandations pratiques", *Presse Med.*, vol. 43, n°. 12, pp. 1317-1324, 2014.

120 I. Bamforth, "Stendhal's Syndrome", *Br. J. Gen. Pract.*, vol. 60, n° 581, pp. 945-946, 2010.

121 C. Vermersch, P. A. Geoffroy, T. Fovet, P. Thomas et A. Amad, id.

현대 예술이 생각하는 아름다움의 가치

122 N. Heinich, *Des valeurs: Une approche sociologique*, Gallimard, 2017.

저자 소개

* * *

• 장프랑수아 아마디외 Jean-François Amadieu

사회학 박사, 경영학 부교수, 파리 제1대학교 경영대학원 교수, 차별감시 기구 대표, 기업과 장애인 기구 회원, 공평한 교육 기회를 위한 네트워크 부회장. 저작으로 『외모의 비중과 운명의 열쇠*Le poids des apparences et Les clefs du destin*』(2002; 2006), 『인사부 흑서*DRH, le livre noir*』(2013)가 있다.

• 장이브 보두앵 Jean-Yves Baudouin

리옹 제2대학교 발달심리학 교수. 저작으로 기 티베르기앵과 함께 쓴 『아름다운 것이 좋다: 아름다움의 심리사회생물학*Ce qui est beau... est bien! Psycho-Sociobiologie de la Beauté*』(2004)이 있다.

• 크리스티앙 브롱베르제 Christian Bromberger

엑스마르세유대학교 인류학 명예교수. 2006년 2월부터 2008년 9월까지 이란 테헤란에 위치한 프랑스연구소를 이끌었다. 저작으로 『삼위일체: 머리카락과 털의 인류학*Trichologiques: Une anthropologie des cheveux et des poils*』(2010; 2015년에 『털의 의미*Le sens du poil*』라는 제목으로 재발행)이 있다.

.

• **안 카롤**Anne Carol

엑스마르세유대학교 현대사 교수. 프랑스 고등교육연구소 명예회원. 신체와 기형의 역사를 중심으로 의학의 사회문화사를 연구한다. 저서로『샴 쌍둥이의 외과수술La chirurgie des monstres siamois』(2008),『괴물과 사회적인 상상Monstre et imaginaire social』(2008),『인간 괴물, 상상과 사회Le monstre humain, imaginaire et société』(2005)가 있다.

• **장피에르 샹죄**Jean-Pierre Changeux

신경생물학자, 콜레주드프랑스 명예교수, 과학아카데미 회원. 저작으로『두뇌 속의 아름다움La Beauté dans le cerveau』(2016),『매혹의 신경세포Les Neurones enchantés』(2014),『두뇌와 음악Le cerveau et la musique』(2014),『진실, 아름다움, 선함에 관하여Du vrai, du beau, du bien』(2010),『신경세포적 접근법Une approche neuronale』,『두뇌와 예술Le Cerveau et l'Art』(2010)이 있다.

• **지미 샤로**Jimmy Charruau

공공법학 박사, 앵거스대학교 연구교수. 저작으로『아름다움: 법적 측면과 정치적 측면La Beauté: aspects juridiques et politiques』(2016)이 있다.

• **페기 셰크룬**Peggy Chekroun

파리 낭테르대학교 교수. 사회적 인식 분야에서 타인이 끼치는 해로운 영향, 사회의 영향, 과체중에 관한 편견을 연구한다. 저작으로『사회의 영향Les influences sociales』(2011)이 있다.

• **아가트 기요**Agathe Guillot

인문사회과학 잡지《시앙스 위멘》의 편집장으로 있다.

• **다비드 르브르통**David Le Breton

스트라스부르대학교 사회학 교수, 프랑스 고등교육연구소 회원. 저작으로『신체 인류학과 현대성*Anthropologie du corps et modernité*』(2013),『정체성 표시: 문신, 피어싱, 기타 신체 표시*Signes d'identité: Tatouage, piercing et autres marques corporelles*』(2008),『타투, 자신을 나타내는 사인*Le tatouage ou la signature de soi*』(2014)『신체 사회학*La sociologie du corps*』(2018)이 있다.

• **프레데릭 고다르**Frédéric Godart

사회학자, 프랑스 경영대학원 인시아드INSEAD의 조직심리학 교수. 저작으로 『패션을 생각하다*Penser la mode*』(2011),『패션의 사회학*Sociologie de la mode*』(2016) 이 있다.

• **나탈리 아이니크**Nathalie Heinich

프랑스 국립과학연구원CNRS 소속의 사회학자. 위기에 처한 정체성, 사회학의 역사, 가치, 예술가와 작가의 위치를 다룬 저작 40여 권을 집필해 15개 언어로 번역되었고 이 외에도 다수의 논문을 썼다. 대표 저작으로『가치사회학적 접근법*Des valeurs: Une approche sociologique*』(2017),『거부당하는 현대 예술: 사례 연구*L'Art contemporain exposé aux rejets: Etudes de cas*』(2009),『현대 미술의 패러다임: 예술 혁명의 구조*Le Paradigme de l'art contemporain: Structures d'une révolution artistique*』(2014)가 있다.

• **플로리안 에레로**Floriane Herrero

루브르박물관에서 박물관학 학위를 받았고 사진사史 전문가로 활동한다. 저작으로『랜드 아트*Land Art*』(2012),『현대 사진학*Contemporary Photography*』(2013),『예술과 음악*Art and Music*』(2014),『신체 예술*Body Art*』(2016)이 있다.

• **장클로드 카우프만** Jean-Claude Kaufmann

사회학자, 작가, 전직 프랑스 국립과학연구원CNRS 연구 책임자, 파리 데카르
트대학교 프랑스사회문화연구원 회원. 저작으로 『온라인 시대의 섹스와 사랑
Sex@mour』(2010), 『엉덩이 전쟁: 날씬함, 포동포동한 몸매, 아름다움La guerre des
fesses: Minceur, rondeurs et beauté』(2013), 『몸매 깡패La tyrannie de la minceur』(2015),
『부르키니: 사회면 기사 해부Autopsie d'un fait divers』(2017)가 있다.

• **뤼보미르 라미** Lubomir Lamy

파리대학교에서 사회심리학 교수. 사회적 인식 분야에서 사랑이라는 감정
의 탄생과 친사회적 행동의 촉진에 미치는 무의식의 영향을 연구한다. 저서
로 『사랑은 우연이 아니다L'amour ne doit rien au hasard』(2006), 『왜 남자는 여자
를, 여자는 남자를 이해하지 못하는가Pourquoi les hommes ne comprennent rien aux
femmes... et réciproquement』(2008), 『사랑 탄생의 진정한 징후Les vrais signes de
l'amour naissant』(2012)이 있다.

• **장바티스트 레갈** Jean-Baptiste Légal

파리 낭테르대학교에서 사회적 인식, 특히 암묵적·자동적 정보처리를 기반
으로 한 판단과 행동에 대해 연구하고 있다. 저작으로 『편견, 고정관념, 차별
Préjugés, Stéréotypes et Discrimination』(2015)이 있다.

• **피에르 르마르키** Pierre Lemarquis

신경학자. 저서로 『음악적인 두뇌를 위한 세레나데Sérénade pour un cerveau
musicien』(2009), 『예술가의 두뇌 초상화Portrait du cerveau en artiste』(2012), 『미적 공
감: 모차르트와 미켈란젤로 사이에서L'Empathie esthétique: Entre Mozart Michel-Ange』
(2015)가 있다.

• 칼린 마주달라니Caline Majdalani

전문 임상심리학자. 성인과 어린이에게 나타나는 정신 질환과 불안장애를 다루는 전문가. 저서로『조울증: 일상에서 어른과 어린이에게 나타나는 극단적인 정신장애Cyclothymie: Troubles bipolaires des enfants et adoles cents au quotidien』(2012),『신체이형장애 치료: 외모에 대한 강박관념Traiter la dysmorphophobie: L'obsession de l'apparence』(2017) 등이 있다.

• 장프랑수아 마르미옹Jean-François Marmion

심리학자이며 잡지《르세르클 프시》편집장.『내 주위에는 왜 멍청이가 많을까Psychologie de la connerie』(2018; 시공사, 2020),『바보의 세계Histoire universelle de la connerie』(2019; 윌북, 2021) 등 여러 책을 기획하고 총괄했다.

• 프레데릭 모네롱Frédéric Monneyron

대학 교수로서 파리 페르피낭비아도미티아대학교에서 비교문학을, 모다르 패션학교에서 사회학을 가르친다.『필수 장신구: 의상과 패션에 관하여La Frivolité essentielle』(2001),『패션과 이슈La Mode et ses enjeux』,『패션의 사회학La Sociologie de la mode』등 다수의 저작이 있다.

• 플로랑스 모토Florence Mottot

저널리스트.

• 다니엘 모이스Danielle Moyse

철학 교수, 사회문제 융합 연구소, 프랑스 국제관계전략연구소IRIS 객원 연구원. 저서로『웰본 – 웰빙 – 웰다잉: 우생학과 안락사에 관하여Bien naître-bien être-bien mourir: Propos sur l'eugénisme et l'euthanasie』(2001),『장애에 대한 시선의 혁신적 변화를 위하여: 표준에서 벗어난 신체를 바라보는 시선의 현상학Handicap: pour

une révolution du regard, une phénoménologie du regard porté sur les corps hors norme』(2010)
이 있다.

• **베르트랑 내뱅**Bertrand Naivin

예술 및 미디어 이론가, 이미지 예술과 현대 예술 센터AIAC 연구원, 교육자. 저서로 『못생긴 얼굴에 관하여*Sur la laideur*』(2018), 『셀카: 다원적 관행 분석*Selfie(s):
Analyses d'une pratique plurielle*』(2018), 『소셜미디어의 다른 얼굴*L'autre visage des
réseaux sociaux*』(2018), 『디지털 문화의 이해*Comprendre la culture numérique*』(2019)가 있다.

• **장바티스트 드파나피외**Jean-Baptiste de Panafieu

강사, 시나리오 작가, 소설가, 자연 및 인간과 동물 관계를 테마로 한 게임 디자이너. 저서로 『변신*Métamorphoses*』(2016), 『깨달음*L'éveil*』(2016), 『해변의 다윈 *Darwin à la plage*』(2017), 『해변의 사피엔스*Sapiens à la plage*』(2018), 『아이들을 여우처럼 교육하기*Éduquer ses enfants comme un renard*』(2019)가 있다.

• **자비에 포메로**Xavier Pommereau

정신과 의사, 보르도 CHV의 아키텐 청소년 클러스터 소장. 저서로 『이미지로 본 청소년 닷컴*Nos ados.com en images*』(2011), 『청소년 시기의 위험 맛보기*Le
Goût du risque à l'adolescence*』(2016), 『요즘 우리 집 10대 때문에 걱정이에요*En ce
moment, mon ado m'inquiète!*』(2016)가 있다.

• **이자벨 크발**Isabelle Quéval

프랑스 장애아동특수교육 국립연구원 교수, 장애와 교육 및 사회적 접근 연구소 소장. 저서로 『성취와 극복: 현대 스포츠에 관한 에세이*S'accomplir ou se
dépasser: Essai sur le sport contemporain*』(2004), 『오늘날의 신체*Le Corps aujourd'hui*』

(2008)가 있다.

• 로미나 리날디Romina Rinaldi
심리학 박사, 몽스대학교 강사, 《시앙스 위멘》의 과학 담당 기자.

• 클로딘 사가에르Claudine Sagaert
철학 교수. 예술과 디자인을 전공했다. 저서로 『못생긴 여자의 역사Histoire de la laideur féminine』(2015), 『여성의 아름다움과 추함Beauté et laideur du sexe féminin』(2018)이 있으며 『기준과 이탈Normes et transgressions』(2017)을 총괄했다.

• 기 티베르기앵Guy Tiberghien
프랑스 그르노블 제2대학교 명예교수, 프랑스학사원 회원. 『인지 과학 사전 Dictionnaire des sciences cognitives』(2002)을 총괄했다.

• 조르주 비가렐로Georges Vigarello
프랑스 대학 연구소 회원, 프랑스 사회과학고등연구원EHESS 연구 소장, 에드가모랭센터 공동 대표. 저서로 『신체의 역사L'Histoire du corps』(2005), 『아름다움의 역사: 르네상스 시대부터 현대까지의 신체와 화장술Histoire de la beauté: Le corps et l'art de s'embellir de la Renaissance à nos jours』(2004), 『비계의 변신La Métamorphose du gras』(2010), 『드레스 문화사La Robe: Une histoire culturelle』(2017)가 있다.

옮긴이 이주영

한국외국어통번역대학원 한불과를 졸업했고, 현재 출판번역가 모임인 바른번역의 회원이다. 외모를 테마로 한 이번 프랑스 인문서를 번역하면서 일본의 유명한 인형 전문점 '요시토쿠'의 기업 이념인 '인형은 얼굴이 생명'을 떠올리기도 했다. 『내 주위에는 왜 멍청이가 많을까』, 『인간 증발』, 『기운 빼앗는 사람, 내 인생에서 빼버리세요』, 『바보의 세계』 등을 우리말로 옮겼다.

거울 앞 인문학 아름답지 않아도 정말 사랑할 수 있을까

펴낸날 초판 1쇄 2021년 6월 30일

지은이 장프랑수아 마르미옹

옮긴이 이주영

펴낸이 이주애, 홍영완

편집 장종철, 박효주, 쳐혜리, 오경은, 양혜영, 문주영, 김애리

디자인 김주연, 기조숙, 박아형

마케팅 김소연, 김태윤, 박진희, 김슬기

경영지원 박소현

펴낸곳 (주)윌북 **출판등록** 제2006-000017호 **주소** 10881 경기도 파주시 회동길 337-20

전자우편 willbooks@naver.com **전화** 031-955-3777 **팩스** 031-955-3778

블로그 blog.naver.com/willbooks **포스트** post.naver.com/willbooks

페이스북 @willbooks **트위터** @onwillbooks **인스타그램** @willbooks_pub

ISBN 979-11-5581-380-5 (03300)